U0661618

巴中非遗

政协巴中市委员会—— 编

中国文史出版社

图书在版编目（ＣＩＰ）数据

巴中非遗 / 政协巴中市委员会编 . -- 北京 : 中国
文史出版社 , 2024.4

ISBN 978-7-5205-4628-7

Ⅰ . ①巴… Ⅱ . ①政… Ⅲ . ①非物质文化遗产—介绍
—巴中 Ⅳ . ① G127.713

中国国家版本馆 CIP 数据核字 (2024) 第 051479 号

责任编辑：梁玉梅

出版发行：中国文史出版社

社　　址：北京市海淀区西八里庄路 69 号院　邮编：100142

电　　话：010-81136606　81136602　81136603（发行部）

传　　真：010-81136655

印　　装：北京新华印刷有限公司

经　　销：全国新华书店

开　　本：787mm×1092mm　1/16

印　　张：19.75

字　　数：205 千字

版　　次：2024 年 7 月北京第 1 版

印　　次：2024 年 7 月第 1 次印刷

定　　价：98.00 元

文史版图书，版权所有，侵权必究。

文史版图书，印装错误可与发行部联系退换。

《巴中非遗》编委会

顾　　　问：鲜荣生　高鹏凌

主　　　任：侯中文

副　主　任：温奇志　邱成平　马　婧　张　方　秦　渊
　　　　　　黄拥军　王家富　罗　兰　张夕谦　王俊岭

委　　　员：王　荣　杨智慧　周　东　齐小莉　蒋军辉
　　　　　　贾　君　吴开财　王茂生　何效德

主　　　编：侯中文

副　主　编：秦　渊

执 行 副 主 编：景瑞三　夏铭锺　彭　琳

资料征集人员：李　松　邓有初　徐铭宏　吴华智　刘宏彬
　　　　　　　贾　万　杜召义　胡天寿　张学隆　杨希纯
　　　　　　　王建华　杨芸滔　成　亮　晏　陶　曹华芳
　　　　　　　付诗淇　李　劫　何嗣猛　曾建飞　徐　莉
　　　　　　　米从白

前　言

　　我国是一个历史悠久的文明古国，不仅有大量的物质文化遗产，而且有丰富的非物质文化遗产。非物质文化遗产是各族人民世代相承，与群众生产生活密切相关的各种传统文化表现形式和文化空间，是人们智慧与文明的结晶，是联结民族情感的纽带，是历史发展的见证，是活态流变的文化遗产，是维护自身文化身份的基本依据，是文化多样性的生动展示。为加强我市非物质文化遗产的保护传承，五届市政协决定征编出版《巴中非遗》文史专辑。

　　巴中是中华文明的发祥地之一，是巴文化中心。5000多年前，古代巴人就在这里繁衍生息。3000多年前，这里的米仓古道成为南北政治、经济、文化交流的桥梁。1900多年前，巴中置县建制，开启了文明新起点。在浩瀚的历史长河中，巴中儿女在这片神奇的土地上创造了辉煌的历史和灿烂的文明，积淀了众多的物质文化和非物质文化遗产，是巴中宝贵的文化资源，值得我们倍加珍惜，更好地保护传承。

　　《巴中非遗》征编国家、省、市、县（区）公布的非物质文化遗产代表性项目名录共85项。其中国家级2项，省级21项，市级 52 项，县（区）级 10 项。主要内容包括传统技艺、传统美术、传统体育、传统舞蹈、传统戏剧、传统医药、传统音乐、民间文学、民俗、曲艺等内容。这些珍贵的非物质文化遗产不仅具有重要的文化和史料价值，而且还具有重要的艺术和科学价值，该书出版将对巴中的非物质文化遗产保护传承起到积极的推动作用。

征编出版《巴中非遗》是一项艰巨而繁重的工作。在市委、市政府的重视支持下，在市政协党组和主席会议的领导下，在各县（区）政协和市、县（区）文化馆及非遗保护中心的全力支持配合下，在具体从事征编工作同志的艰辛努力下，《巴中非遗》从征集史料到编辑出版，历时两年完成，实属不易。

守护好、传承好、发展好、利用好非物质文化遗产是我们沉甸甸的责任，让我们携起手来，进一步提高非物质文化遗产保护意识，认真做好非物质文化遗产保护传承工作，用我们的智慧和力量，推动这份珍贵的非物质文化资源创造性转化与创新性发展，充分彰显非物质文化遗产的独特价值，使其生生不息、代代相传。

编者

2023 年 11 月

目录

第一章 传统技艺

第 1 节　通江银耳传统生产技艺　　/003

第 2 节　江口醇酒传统酿造技艺　　/010

第 3 节　恩阳十大碗制作技艺　　/013

第 4 节　川东北木作技艺　　/018

第 5 节　蓝印花布制作技艺　　/022

第 6 节　提糖麻饼制作技艺　　/027

第 7 节　巴山腊肉腌制技艺　　/029

第 8 节　南江大叶茶制作技艺　　/031

第 9 节　驷马豆瓣制作技艺　　/034

第 10 节　竹编技艺　　/036

第 11 节　草鞋编织技艺　　/040

第 12 节　巴人造纸术　　/042

第 13 节　巴中枣林鱼制作技艺　　/045

第 14 节　老廖家腱子牛肉制作技艺　　/047

第 15 节　巴州芝麻饼制作技艺　　/050

第 16 节　桃园鱼辣子制作技艺　　/052

第 17 节　长赤麻饼制作技艺　　/ 053

第 18 节　周记蔬菜汁豆干制作技艺　　/ 055

第 19 节　巴人烧造　/ 057

第 20 节　小角楼蒸馏酒传统酿造技艺　　/ 059

第 21 节　巴河风干鱼制作技艺　　/ 062

第 22 节　白衣全鱼宴制作技艺　　/ 065

第 23 节　平昌青芽茶制作技艺　　/ 067

第 24 节　坛姥姥泡菜制作技艺　　/ 069

第 25 节　酸水豆干制作技艺　　/ 072

第 26 节　玉米小酢酒酿造技艺　　/ 077

第 27 节　永帝宫豆瓣酱制作技艺　　/ 079

第 28 节　藤编技艺　/ 081

第 29 节　尹家牛肉制作技艺　　/ 086

第二章　传统美术

第 1 节　巴中泥塑　/ 091

第 2 节　巴中根雕　/ 095

第 3 节　巴中糖画　/ 098

第 4 节　巴山剪纸　/ 101

第 5 节　通江石雕　/ 104

第 6 节　木雕技艺　/ 107

第 7 节　吹糖　/ 111

第 8 节　面塑　/ 113

第 9 节　蜀绣　/ 115

第 10 节　叶雕（叶脉画）　/ 117

第 11 节　棕编　/ 119

第三章　传统体育

　　张氏内家拳　　　/ 125

第四章　传统舞蹈

　　第 1 节　翻山铰子　　/ 133

　　第 2 节　龙舞（尹家飞龙）　　/ 139

　　第 3 节　板凳龙舞　　/ 141

第五章　传统戏剧

　　第 1 节　巴渠河川剧　　/ 147

　　第 2 节　巴中皮影戏　　/ 153

　　第 3 节　川北灯戏　　/ 156

　　第 4 节　爨坛戏　　/ 159

　　第 5 节　傩戏　　/ 163

　　第 6 节　川剧玩友　　/ 168

　　第 7 节　板凳戏　　/ 170

第六章　传统医药

　　第 1 节　张氏师古正骨术　　/ 175

　　第 2 节　李氏百草膏炼制技艺　　/ 179

　　第 3 节　拔罐　　/ 182

第七章　传统音乐

　　第 1 节　巴山背二歌　　/ 189

　　第 2 节　巴山茅山歌　　/ 193

第 3 节　大罗唢呐　　/ 196

第 4 节　石工号子　　/ 198

第 5 节　高腔薅秧歌　　/ 201

第 6 节　巴河船工号子　　/ 205

第 7 节　柳州民歌　　/ 207

第 8 节　油坊号子　　/ 210

第 9 节　坐歌堂　　/ 212

第 10 节　栽秧歌　　/ 215

第八章　民间文学

第 1 节　《十里坪》　　/ 219

第 2 节　《月儿落西下》　　/ 223

第 3 节　《蒲道官斩巴蛇》　　/ 227

第九章　民俗

第 1 节　巴河龙舟汇　　/ 235

第 2 节　巴山婚俗　　/ 238

第 3 节　说春　　/ 242

第 4 节　正月十六登高节　　/ 247

第 5 节　米仓古道文化空间　　/ 250

第 6 节　正直大酥肉节　　/ 252

第 7 节　南江丧葬习俗　　/ 256

第 8 节　吃庖汤　　/ 258

第十章　曲艺

第1节　四川盘子（巴中）　/ 263

第2节　四川车灯（巴中）　/ 267

第3节　金钱板（巴中）　/ 272

第4节　四川花鼓（巴中）　/ 276

第5节　四川清音（巴中）　/ 279

第6节　四川扬琴（巴中）　/ 284

第7节　四川竹琴（巴中）　/ 288

第8节　四川连厢（巴中）　/ 293

第9节　荷叶　/ 296

第10节　讲圣谕　/ 299

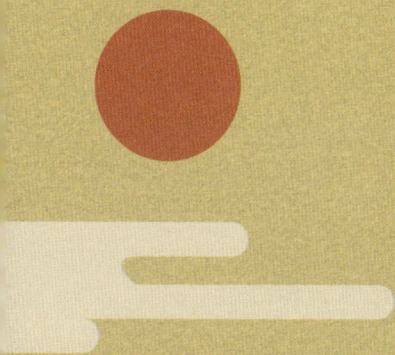

第一章
传统技艺

● 制作银耳（何嗣猛 摄）

第1节

通江银耳传统生产技艺

通江银耳起于汉代，兴盛于唐宋，贵及明清。据《齐民要术》相关记载，通江银耳起源距今有 1400 多年的历史。光绪年间，人们通过对银耳担孢子与香灰担孢子的培育，获得银耳菌种，从此开始了银耳人工栽培。通江银耳生产传统技艺就此诞生，传承至今。通江银耳生产传统技艺蕴含 11 道工序：

→祭山（耳农们举行隆重的祭山仪式）。

→砍山（清明前后七八天，将树龄七年以上的青冈树砍下，以树皮裂口者为佳）。

→铡棒（将砍下的青冈树去枝，铡

● 采耳（何嗣猛 摄）

● 接种（何嗣猛 摄）

● 传承人屈全飘：第六届全国人大代表、全国商业劳动模范

成 1.2 米长的耳棒）。

→架晒（将耳棒呈三角形或四边形架空脱水 30 天，使其含水量控制在 35%—40%，在这期间，耳农用当地黄泥夯筑耳堂）。

→打孔（使用专用工具在耳棒上人工打孔 1—2 厘米深，孔间距 15 厘米）。

→接种（将提前培育好的银耳菌种植入孔内，用小木块封口）。

→发菌（将完成接种后的耳棒摆放整齐，用薄膜包裹 45 天，使真菌在恒定的湿润度条件下充分生长）。

→排堂（经过以上流程，耳棒可移入耳堂排棒）。

→管理（控制堂内空气温度在 20℃—25℃，湿度控制在 80%—90%，通过喷洒生石灰消除耳堂的病害）。

→采耳（银耳在耳棒入堂后便开始生长，每隔七天可采摘一次）。

→制作（将银耳去根、淘洗、烘烤或晾晒，制成银耳成品）。

通江县是远古巴人分支板楯蛮生存的核心区域，留下了厚重的远古文化和悠久的农耕文化。通江银耳生产传统技艺包含对大自然的科学认知，耳农在砍山之前要举行隆重的祭山仪式，表达敬畏感恩之情，祈求银耳丰收。每一个生产环节都有要领、口诀、歌谣，以及神话传说等文学作品，形成了极具通江地域特色的银耳文化。据文献记载，该技艺早在清代就传到南江县、万源县等地，后来又传到浙江、福建、黑龙江及日本。1995 年首批百家中国特产之乡命名暨宣传活动组委会正式将通江命名为"中国银耳之乡"，并由著名书法家启功先生题写。2011 年，通江银耳更是搭上"神八"进入太空育种实验，从而闻名世界。目前，通江银耳作为助推乡村振兴的重点产业，将带动更多的农民致富。

● 打孔（何嗣猛 摄）

● 排堂（何嗣猛 摄）

● 制作（何嗣猛　摄）

通江银耳品质上乘，朵型适中，耳片厚实，鲜品白如凝脂，晶莹剔透，有弹性。干品色泽米白，空松油润，有清香气，不易褐变。因其独特的区域生态环境——独特的大巴山青冈原料、独特的原生态椴木栽培方法、独特的银耳文化传承，通江银耳有着"耳中极品、菌中之冠"的美称。通江银耳含有丰富的维生素 B、多糖体、蛋白质及人体所需的铁、磷、钙、镁、硫等微量元素，同时又含 17 种氨基酸，人体所必需的氨基酸中有 3/4 都能由银耳提供，具有极高的医药价值。

通江银耳传统生产技艺列入四川省第五批非物质文化遗产代表性项目名录。代表性传承人谱系：屈心义→屈尚锐→屈全飘→聂龙志、朱以华。

小麦制曲

第2节

江口醇酒传统酿造技艺

清光绪三年（1877），江苏海州道员廖纶荣归故里平昌江口，在巴河岸边建南台酒坊，掘泉酿酒。新中国成立后，江口醇酒历经数代酿酒师改良配方，逐渐形成了具有独特曲酒风味的美酒。1986年10月，时任国家主席杨尚昆一句"江口水好，美酒醇香"的评语使江口醇应运而生。其酿酒历史悠久，文化底蕴丰厚，酒质醇和，影响深远，现为中华老字号产品。

平昌，地处四川东北部，巴山山脉之米仓山南麓。境内气候温和，雨量充沛，土地肥沃，盛产稻谷、高粱、小麦、玉米等酿酒原料，加之森林茂密，水质清冽，为酿酒提供了得天独厚的物质条件，因而成为巴蜀地区酿酒的一个重要基地。

江口醇的酿制是以优质高粱、糯米为主料，谷壳为辅料，小麦制曲，混蒸续糟，泥窖固态发酵，经上甑蒸馏，量质摘酒，按级并坛，定期贮存，精心勾调而成。行话说："窖池是前提，母糟是基础，曲药是动力，操作是关键。"传统的酿造技艺被总结为四个字：火、水、曲、人。

第一是火。火为酒之髓，指酿造发酵要掌握适当火候，传统的酿酒火候讲究"清澈匀铺、探气上甑、掐头去尾、中温流酒、缓火蒸馏、大火蒸粮"的秘诀。

第二是水。水为酒之精，即要严格把握水质优劣、用水量

● 量质摘酒

多少，两者的分寸直接影响酒质优劣和产量高低。江口醇以"沁心泉"酿成名酒，所以视水如命，特专设"水谱"。谱道单为一个"净"字，规定上自掌柜，下至学徒、杂工，一律不得在井边取水，更不准洗衣淘米。然后将酿酒用水分为量水、黄水、冷却水、底锅水、加浆水五类，以掌握控制水温、水况。最后是以"十不同"经验掌握用水工艺的巧妙。

第三是曲。曲是酒之神。江口醇传统酿制工艺将制得的曲分为中温曲、高温曲，以自己的特色把握各个环节，使酒曲皮薄心实，香味扑鼻，用以酿酒，香浓味醇。

第四是人。人为酒之魂。操作人员以自己独到的体会和技艺，出神入化地掌握自己的配料工序，以"稳、准、匀、适、透、细、净、低"八字，再配以神秘糟料造就神秘的酒。

如今，采用传统工艺酿制的江口醇酒仍采用有百余年历史的窖池发酵，通过进一步驯化，使菌种更趋成熟与完善，赋予了成品酒浓郁幽雅的香味。

江口醇酒传统酿造技艺列入四川省第二批非物质文化遗产代表性项目名录。代表性传承人谱系：廖纶→廖云先→周福贵→李文富→李光平→李彦中。

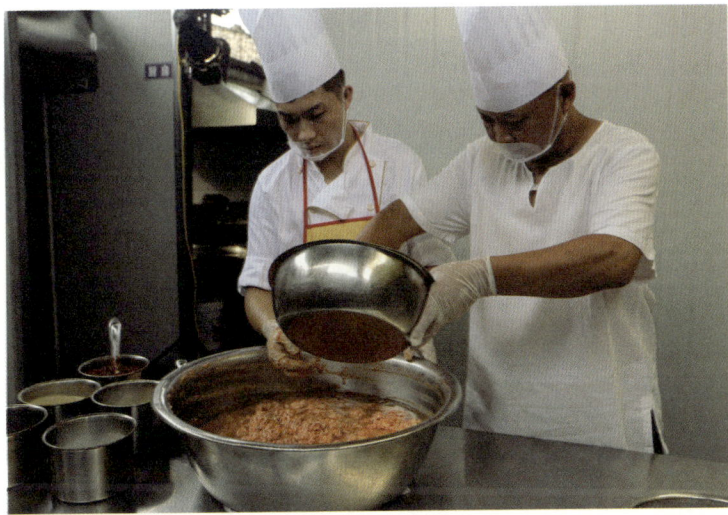

十大碗制作

第3节

恩阳十大碗制作技艺

恩阳十大碗制作技艺源于秦，兴于明，盛于清，流传至今。恩阳古镇历史上是川东北著名的水码头，系米仓古道最繁华的集镇，素有"早晚恩阳河"之说和"小武汉""小上海"之美誉。晚清时期，恩阳古镇常住人口逾万，流动客商数千，大小商号数百，酒楼、餐饮、茶坊客栈数十。恩阳人凡遇岁时节令、春播秋收、婚娶丧葬、满月祝寿、起屋迁居、亲朋聚会，都必盛情招待客人。筵席一般不用山珍海味，而是用农家自产的猪、鸡、鸭、蔬菜等办十大碗席。恩阳十大碗是川东北流传时间长、覆盖范围广、菜品最系统的美食，十大碗同时也有"十全十美"的美好寓意，它不仅展示了恩阳人热情好客的淳朴民风，也反映了人们对生活的向往和憧憬，是古代劳动人民烹饪技艺和聪明智慧的结晶。数百年来，恩阳十大碗一直是当地民间节庆及办酒席时首选的烹调方式，不仅仅是舌尖上的饮食记忆，更传承了背后的礼仪文化。如今，十大碗已经成为恩阳美食的一大特色，十大碗承载的民间技艺、民俗礼仪体现了恩阳人民"知恩重义、忠勇和善"的人文情怀，形成了一道美丽的民俗风景，承载着浓浓的乡愁记忆。

● 十大碗

● 八宝糯米

● 川明参鸡汤

● 坨子肉

● 粉蒸肉

● 海带丝鸭

● 芦笋

● 品碗

● 油炸小鱼

● 刀口圆子

● 酥肉

● 坐席场景

　　恩阳十大碗制作主要采取蒸的方式，适合民间大型宴席对"快、多、全"的要求。菜品特色：味型以清淡为主，烹调方法属川菜制作技法，以蒸为主，辅以炒、煎、烧、炸、炖、焖、烩等，又因多数菜品采用蒸制加入高汤的烹调方法，民间又称之为"水席"。十大碗菜品共 18 个，其中主菜 10 个，辅菜（吊角菜）8 个。十大碗的最大特点是半荤半素、一菜两味、油而不腻。十大碗坐席也很有讲究，每席坐 8 人，分上、下、左、右方位席，上席对着大门，靠神墙，坐长辈或者有名望的人，下席坐晚辈，留席口传菜，左右席坐主人或宾客，出席前由主人或支客司按长幼辈分安排客人入席，称为"安席"。十大碗各菜品哪个先上，哪个后上，要求相当严格。为此，厨师们总结出了一道上菜顺序的口诀：品鸡鱼酥扣，虾蛋糯肘坨子肉。

巴中十大碗烹饪历史悠久，制作方法也一直以家族式和师徒式在民间传承。现恩阳古镇十大碗制作技艺最具代表性的传承人，就是师承家传。随着十大碗在民间宴席的地位不断提升，传承的方式也由家族传承向师徒传承转变。

恩阳十大碗制作技艺列入四川省第六批非物质文化遗产代表性项目名录。代表性传承人谱系：郑天锡→彭秀芳→唐锡明→郑明元→苟瑞泽、周虹君、明志杰。

● 竹节制品

第 **4** 节

川东北木作技艺

　　川东北木作技艺以家具为主要载体，流传于川东北地区，技艺分为技术和艺术两部分：技术包含榫卯结构、人体工程学两大类；艺术包含家具制式、纹饰两大类。技艺适用于制作桌、案、几、椅、凳、床、榻、柜、格架等家具，工序包含选料、开料、划线放样、下料、刨料、榫卯制作、拼板、组装、打磨九道工序，其中榫卯技艺破头榫＋明楔钉、暗楔钉、大进小出榫、扇面榫、走步榫等为特色技艺。

使用工具有：推子（刨子）、线刨、落地刨、鸟刨（刮旦）、锯子、锼锼锯、锛、毛铁（斧子）、凿子、扯钻、抓子、角尺、五尺、墨斗、木马、马叉、马凳等。

榫卯结构及流程

选料　选择密度高、木质细腻、不易变形的树种。树形要直顺，结子不宜多，不空心，采伐时间春夏不宜，选择晚秋及冬天时段最适宜。随着环境保护观念的深入人心，制作家具时选材也有所改变：一是在很多上百年的木构老旧危房改建拆迁时获得木性稳定的木材；二是采沙船在河里挖掘沙石时采掘出的千年古沉木，俗称乌木；三是国家允许进口的木材，如北美地区的黑胡桃、橡木、花梨等。

开料　用墨斗墨线弹出锯路。开料有立式锯料法和横式锯料法两种。薄的为板，厚的为方。

划线放样　简单的家具尺寸都有现成的口诀，比如箱子，高一尺四、长二尺六、宽一尺六等，没有约定尺寸的家具都需在木料上或纸上画出线图。

下料　根据划线放样图，把开好的木料进一步按要求下料。

刨料　用推子（刨子）推（刨）料。短推可以快速、省力，方便刨料，长推则能把材料刨得更标准、更细腻光滑。

榫卯制作　把木材刨制成方料或板料，运用榫头和卯眼穿插、咬合的方式组装、连接各部件，使其构建成为一个整体。榫头和卯眼的设计灵活多变，制作家具的材料有厚薄、大小、长短，可以选择不同的榫卯形式。同时，榫卯的深浅、长短、大小都会因为师傅的不同而自由设计、使用榫卯结构。根据其制作的家具，在其木料上画出榫卯，在刨好的木料上先用笔画出榫头、

代表性传承人：任雷

卯眼的位置、大小、形状，再使用细锯和凿子制作榫头和卯眼。

拼板三种方式　直拼（硬拼），把两张板子的拼接面涂抹上胶就行。子母榫拼接，板子的拼面用线刨刨出榫舌，另外一张板子的平面刨出卯槽，一榫一卯，一阴一阳，嵌合在一起。厚板因其有一定的厚度，可以在侧面凿出卯眼，卯眼中插入短方木，俗称栽榫，抹胶拍紧即可。

组装　依次把各部件组装，组装时各部件榫卯处要均匀涂胶。在正式组装前要试装，把要做的家具构件调至满意的状态后才放胶水正式组装，这样就避免了失误。

打磨　使用数目不同的砂纸打磨。要求能看得出自然木纹，清楚自然，不留有工具的痕迹，无颗粒感。

家具的人体工程学

家具有其使用的功能属性，匠师有没有合理设计、方不方便使用、使用时舒适度如何等，可以用当代人体工程学的概念来表述。目前行业没有个人及机构对传统家具进行系统梳理，代表性传承人任雷在此基础上给予了部分提炼、总结：一是家具尺寸和使用者身高、胖瘦要契合；二是家具的部分构件形状要符合人体的生理曲线。

家具的制式

制式是指家具的形制、形状，即桌、案、几、椅、凳、床、榻、柜、格、架等家具的样子。在学习制作家具时，这些"样子、规矩"都是师傅指导、传授。制式是视觉的表达，不同制式的家具给人以不同的视觉审美感受。

线脚、纹饰

线脚、纹饰有两大主要功能：一是装饰；二是托物言志。匠师在制作家具时清楚地知道线脚、纹饰所在家具器物上的位置，以及代表的意义。纹饰的绘制及雕刻由专业的雕刻技艺师傅完成，木作匠师参与方案及部分设计。

川东北木作技艺列入四川省第六批非物质文化遗产代表性项目名录。家族传承人谱系：任多兴→任多志→任雷→任天一。

蓝印花布制作技艺

恩阳民间印花布制作源于秦汉，兴盛于商贸发达的民国时期，流传至今。据《古今图书集成》记载："药斑布以布抹灰药而典雅朴素，染青，候干，去灰药，则青白相间，有人物、花鸟、诗词各色，充衾幔之用。"

恩阳盛产苎麻和棉花，可以分别纺成麻线和棉线，是生产麻布和棉布的主要原料。

印花布的印染制作，首先是制印花的花板。将花纹绘画在牛皮纸上，再用桐油熬制的明油浸泡，晾干后进行雕花。将白布铺平，把花板铺在布上面，用石灰、黄豆浆和匀发汗后制成的防染浆，用刮浆板刮在花板上，后取下花板，原来的白布上就留下了粉末浆花纹。晾干后，将花纹白布平整地慢慢投进缸里的染水中，行业用语名曰"提水"，让其浸泡数小时后，粉末浆覆盖部分上不了色，便留下了白布的本色，成了蓝底白花布，这就是民间的蓝印花布。印染为印花布制作的主要工序，民间把这道工序称为"彰施"，恩阳的印染业以染毛蓝、双蓝和印花布为主。其染料取于一种名叫蓝靛（俗称蓝栀子）的草本植物，染一水者为毛蓝，染两水者为双蓝。毛蓝和双蓝又称乡布。

● 雕花

● 雕花

● 调制染料

● 制染色剂

浆洗

晾晒

蓝印花布包括了蓝底白花、白底蓝花、双面印花，品种包括服装、蚊帐、被面、手帕、头巾、门帘等生活用品。恩阳印花布在鼎盛时期，花色众多，能够满足不同人群的需要，经统计，生产的主要花色品种大概有24种，包括二龙戏珠、狮子滚绣球、凤栖牡丹、年年有余、天地长春、福禄万代、喜在眼前、太平景象、和合二仙、金玉满堂、福寿双全、万事如意、三阳开泰、龟鹤齐龄、鸳鸯戏水、青梅竹马、鹤鹿同春、寿居耄耋、梅兰竹菊、富贵满堂、百合万年、麒麟送子、连生贵子、刘海戏金蟾等。

蓝印花布具有耐磨、耐脏、透气、吸汗、价廉等特点，深受百姓喜爱，经过一代代民间艺人的不懈努力，从生活实用型走向实用、装饰多种类型，从田野阡陌走向城市都会。在20世纪80年代改革开放后，大量种蓝、

● 刻花板

制蓝、雕刻、印染，产品远销云南、广西、海南等地，深受广大消费者青睐。

　　蓝印花布制作技艺列入四川省第五批非物质文化遗产代表性项目名录。代表性传承人谱系：向仕财→向琼章→向成方→李文富。

第 6 节

提糖麻饼制作技艺

　　恩阳民间小吃历史悠久，品种繁多，它们是深蕴于特定历史背景下的一项重要文化成果，既是恩阳饮食文化发展史上的一块活化石，又是地方文化的一个重要组成部分。恩阳提糖麻饼在巴中市及周边县市家喻户晓，是巴中著名的特色小吃之一，在"中国光雾山国际红叶节"上被誉为最好的地方特产之一。

　　提糖麻饼在恩阳已有 300 多年的历史。清康熙三十一年（1692）"湖广填四川"，林氏家族从湖北麻城孝感移居至恩阳镇，以制作销售民间小吃作为谋生手段，加工制作的民间小吃考究，品种众多，口味独特，深受百姓喜爱。林氏民间小吃主要有提糖麻饼、手工挂面、红糖麻花、鲜花饼等，提糖麻饼尤为出名。林氏民间小吃的制作工艺从古

烤饼

至今都是一脉单传，传男不传女，更不外传，其子孙世代以此为业。

提糖麻饼全部采用天然食材，做法一直沿用家传手工技法，工艺十分考究，整个制作过程一共七十二道工序，道道精细，要求严格。工序主要有选料、备料、制坯、烤饼等，其麦芽糖提取、制坯和火候的掌握堪称一绝。

刚出炉的提糖麻饼，形如满月，色泽金黄，满月面上还有密密麻麻的白芝麻，宛如满天繁星。黄而不焦，皮酥心脆，香甜化渣，深受百姓喜爱，几百年来长盛不衰。

提糖麻饼制作技艺列入巴中市第四批非物质文化遗产代表性项目名录。代表性传承人谱系：林照祥→林福清→林志章→林付峨→林碧双→林刚、尹仲荣。

第**7**节

巴山腊肉腌制技艺

巴山腊肉传统腌制技艺起源于民间，其腌制历史可上溯至三千年以前，据《巴州志》《华阳国志·巴志》及其他有关史料记载，平昌是古巴人的集聚地之一，后明末清初"湖广填四川"，土家族移民于此逐渐汉化，民族的杂居和交融使土家族的"风干"腌制技艺和土著巴人的"烟烤"腌制技艺相融合，逐渐形成现在的传统腊肉腌制技艺。

巴山腊肉传统腌制技艺的核心区域是平昌县江口镇，它自古以来是繁华的水运码头，是平昌的政治、经济、文化中心。该地气候温和，雨量充沛，光照适宜，四季分明，主产水稻、小麦、玉米等猪饲料，境内森林茂密，水质清冽，为饲养生猪提供了得天独厚的条件。

腊肉腌制技艺源于民间，"朱老头"腊肉使腌制古法得到传承和发展，探索出了具有特色的地窖发酵工艺，形成了皮脆肉嫩、干爽结实、鲜香甘美、

晾晒腊肉

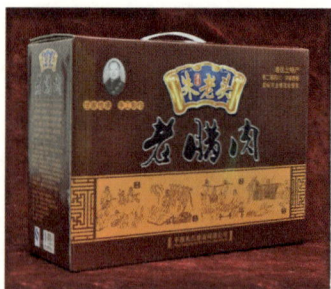
巴山老腊肉礼盒

肉香浓郁的腌制技艺。其工艺流程独特、精湛，从考究的原料、配方，到地窖发酵，再到晾晒、熏烤，形成了严格的工艺流程。而这些流程又随温度、湿度因素的变化而由技师进行微调掌握，因此，技师的经验和技艺精湛与否成为生产成败的重要因素。

目前，颇具代表性的是朱氏腊肉加工技艺，传承至今已有六代，现第五代传承人朱兆兰在采用祖传腊肉加工秘方的基础上，结合现代科学理论，选用大巴山无公害牲畜为原料，以原生态植物八角、肉桂、砂仁、丁香、茴香、花椒、山柰为香料进行研制。因其具有色泽棕黄、皮脆肉嫩、鲜香甘美、熏香怡人的特点，深受广大群众喜爱。1999年，朱仕华创立了腊肉加工企业朱氏食品有限公司，目前年销售额达数百万元，产品远销全国各地，出口东南亚地区。新的传承人引进现代生物科技对传统腌制技艺进行改良升级，腌制工序进一步程序化，技艺保护传承较好。

巴山腊肉腌制技艺列入巴中市第三批非物质文化遗产代表性项目名录。代表性传承人谱系：朱学云→朱如政→朱友群→朱仕华→朱兆兰→王林海。

第 **8** 节

南江大叶茶制作技艺

南江大叶茶手工制作分布于巴中市南江县境内。大叶茶既是地方茶树良种，也是有着悠久历史的地方名茶，因叶大，故名，又叫枇杷叶茶。

南江种茶历史源远流长，南宋时期就有官方在南江收茶税的记载。明正德年间，当地茶叶被列为贡品，朝廷以金碑相赐，故南江金碑茶享誉至今。经过南宋和明清时期的茶盐交易活动，南江成为名副其实的茶盐之地。南江的金玉茶、条茶、金尖茶每年数万担，沿米仓古道销至陕西、甘肃、青海等地。以南江茶盐互市为中心，辐射出了茶盐运输路线——米仓古道，谱写出了大巴山悠远而厚重的历史篇章。至今，南江本地人还称陕西、甘肃、青海的茶商为"毛葫芦"，这也是沿用了宋朝、明朝对茶商的称谓。茶商对南江茶的产地和质量评价为，"一金碑、二落垭，早茶出于盐井坝"。群众反映，"条子重，油气足，耐冲泡"。四川茶叶界专家这样评论四川茶叶："历史悠久看蒙山，规模经营看峨眉，品质优良在南江。"南江大叶茶是南江县农民利用种子繁殖，不断进行自然选择和人工选择形成的，1958年经省、地、县

● 摊晾

茶种站和当地群众共同努力选育出的一个高产优质地方良种。1962年经四川省茶叶会议鉴定为地方群体品种。1965年中国茶叶学会将其列入全国21个地方良种，为有性繁殖品种。

南江富硒大叶茶需以生长在海拔1000米以上富硒地区的南江大叶茶鲜叶为原料，手工制作而成。制作坚持手工加工传统，主要加工扁形茶和针形茶。制作过程包括：采摘鲜叶、摊晾、杀青、再摊晾、作形、毛火烘焙、摊晾、足火烘干、拣剔，然后形成成品。扁形茶和针形茶需分别制作。

南江大叶茶条形茶的特点：干茶色泽翠绿，条索紧细多毫，汤色嫩绿明亮，滋味鲜爽醇甘，香气鲜嫩高雅，叶底细嫩明亮，完整成朵，无红叶、红梗，无焦边，无焦味，无灰末。

南江大叶茶手工制作技艺已列入巴中市第六批非物质文化遗产代表性项目名录。代表性传承人谱系：童纪禄→帅先福→黄开武→苏光明→李名雍→詹勇。

驷马豆瓣制作技艺

四川省平昌县西北部有一个小镇叫作"驷马"。自古以来，驷马就有腌制豆瓣、咸菜的传统。相传唐朝中期，太子李贤被贬，经过驷马时人困马乏。当时民间拥戴太子，听说太子来了，就端出自己家腌制的豆瓣、咸菜招待他，李贤品尝后，赞不绝口，叹曰："宫廷无有此物矣！"延传千年以来，驷马当地家家户户的女主人都学会了腌制豆瓣、咸菜的手艺。何大妈豆瓣腌制技艺，就是其中的佼佼者。

何大妈豆瓣在世世代代的生产中积累了丰富的经验，也在家家户户腌制豆瓣的传统中总结提炼，探索出了一整套独特的腌制工艺，形成了独特的调味品风格。在传承的基础上又精密研制，并结合现代食品要求，对豆瓣的口味进一步改良，现已形成了口香豆瓣、爽口蒜、油仔姜、香辣团葱、麻辣腐乳等十多个品种的产品。选用优质胡豆、辣椒、花椒、生姜、苦蕌（团葱）、豇豆、红豆腐、大蒜、刀豆等二十多种纯天然绿色原料，全手工精制而成，不蒸，不炸，开坛即食，色美味鲜，麻辣适中，开胃健脾，增进食欲。产品存储时间可达 1—3 年，原材料全部取自当地农户，无毒无污染，完全符合国家食品卫生标准。产品包装精美，适宜于各类火锅、汤锅、中餐调色、调味、增香，更是拌饭食用的上乘佳肴，馈赠亲友之良品。

从 2008 年起，驷马建成了 13 个原料基地，面积达 900 余亩，当地农户 300 多户进行特种种植，带动了周边农户发家致富。2010 年 3 月，研发了泡菜、红油团葱、荔枝大蒜等十几个品种，产品远销全国十几个省，获得广大消费者的一致好评。

驷马豆瓣制作技艺列入巴中市第三批非物质文化遗产代表性项目名录。代表性传承人谱系：佘长清→姚文清→何桂珍→何钰。

● 生产车间

●《松鹤延年》(何嗣猛 摄)

第10节
竹编技艺

竹文化在中华文明的历史中有着重要的地位，宋代苏轼在《於潜僧绿筠轩》中咏道："宁可食无肉，不可居无竹。无肉使人瘦，无竹令人俗。"早在距今六七千年以前的新石器时代，我们的祖先就能用竹子来编制器具。到了商周时期，人们生活使用的席、篮、筐等竹编器已比较普遍。秦汉时期，我国的竹编工艺已经达到很高的水平。明清

时期，竹编技艺有了较快发展，竹编艺人制作的产品越来越精巧、细致。近代以来，竹子主要用来编制生产生活用具、装饰性艺术品。

巴中竹编技艺，是指产生并世代相传于巴中市通江县以及周边地域的竹编生产技艺。作为一种成熟的手工技艺，巴中竹编技艺主要是利用当地的优质自然资源——慈竹，使用弯刀、锯子、篾刀等传统手工器具，按照传统竹编技法来进行生产。在长期的生产生活实践中，当地人摸索、总结出了竹编编制所必需的各个环节。其传统编制技法包括分节、

● 竹编器具：篾刀、压铁、勾针、剪刀、胶布、排针等（何嗣猛 摄）

刮青、平口、破竹、启篾、分层、刮篾、煮染、晾晒、分丝等制篾环节。竹编艺术品制作工艺和编制技法复杂，从选竹、制篾到最后制作成薄如蝉翼、细如发丝、不腐不蛀、永不褪色的竹丝，需要20多道工序，包含挑一压一法、挑一压三法、挑一压四法、十字编制法、人字穿插法、剖篾穿丝法等编制方法。而在继承传统编制技艺的基础上，把传统书法、绘画与竹制品相结合，把传统技艺与现代文旅思想相结合，把传统器具与现代装饰图案相结合，形成独具文化内涵和民族特色的竹编艺术品。这些环节，犹如竹子的生长历程，时至今日，仍需我们传承和作进一步的研究。

竹编技艺列入四川省第六批非物质文化遗产代表性项目名录。代表性传承人谱系：余开汇→余明礼→李彬。

● 竹编制品

● 竹编作品《梅》《兰》《竹》《菊》，双面不同颜色，展示竹编技艺的精妙

● 代表性传承人李彬、余定涛，在巴中市"文化和自然遗产日"宣传推广活动
上展示竹编技艺（何嗣猛 摄）

第**11**节

草鞋编织技艺

平昌县草鞋编织技艺历史悠久，从三国刘备打草鞋、卖草鞋开始，盛行于清朝、民国至现在。草鞋既是古代劳动人民又经济又简单的鞋类，也为牛马长途运输和征战所穿。人穿在脚上既凉快又轻巧，同时去汗又防滑。但是随着社会的发展，懂得此类草编工艺的人所剩无几。目前，草鞋编织主要分布在平昌县响滩镇境内，传承的规模最大最规范，所编织草鞋畅销多个城市和山村。

平昌县响滩镇因草鞋编织历史久远，编织品质较好，享有"草鞋之乡"的美称，曾誉满川陕两地。草鞋主要为背二哥、纤夫等劳动人民生产生活所用，现在的人们也偶尔穿用，特别是在

● 编织

旅游盛会中，草鞋受到外地游客喜爱。草鞋分为普通草鞋、麻耳子草鞋，主要采用稻草、青麻做原料，手工编织而成，属天然绿色产品，具有防臭去汗、适脚疗病的功能。1933年红军入川时，群众将大量草鞋赠送给红军战士，草鞋又得名"红军鞋"。近年，响滩镇文化站立足镇情，确定了以麻耳子草鞋为重点的产业发展规划，多方寻找编织麻耳子草鞋的民间艺人，多次集中培训编织技术，精心组织农村剩余劳动力编织草鞋，并与广东客商签订了长期销售合约，产品大量销往市外。

草鞋编织技艺列入巴中市第五批非物质文化遗产代表性项目名录。代表性传承人谱系：鲜林仕→鲜宣仕→屈全成→李清江→鲜勤仕→袁永成。

● 碾料子

第12节

巴人造纸术

巴人造纸术是我国南方传统手工造纸的典型代表，是生产火纸的一种手工技艺。火纸，即西汉时出现的粗纸，用于敬鬼神火化而得名。宋应星在《天工开物·纸料》篇写道："用竹麻者为竹纸，精者极其洁白，供书文、印文、柬启用；粗者为火纸、包裹纸。"《后汉书·吴佑传》："佑父恢欲杀青简以写经书。"即泛指用竹杀青后造纸。根据考古发现，竹麻纸始于西汉，可见火纸

● 砍料子

● 舀纸

● 揭纸

（竹纸）的生产技术已有两千年的历史。

巴中市所辖通江、南江、平昌、巴州均为古巴州属地，居住着信仰鬼神的巴民族，火纸即是他们在祭祀鬼神时的火化用纸。巴州系秦汉之前的古巴国的政治、经济、文化中心，秦汉时称巴（水）、渝（水）地区，走到乡下，凡是慈竹生长的地方，定有生产火纸的作坊。新中国成立后，在巴中市辖区的乡镇，每个乡至少也有 20 家生产火纸的作坊。当时的春节、清明、中元节，家家必备火纸祭祖，这是人们向先祖尽孝道的一种表现。目前，巴中市境内，火纸制作主要流传在南江县侯家乡石寨村夏家沟、巴州区化成镇龙家沟、恩阳区玉井乡等地。

巴人造纸术工艺流程复杂，主要有砍料子、渍料子、淘料子、发汗、下烂塘、碾料子、下槽、下桦药水、舀纸、榨坨子、揭纸、梳纸、晾纸、打捆等 14 道工序。

由于生产工序繁多，技术难度大，年轻人多不愿学，加上各种机械纸对手工造纸的冲击很大，造纸利润很低，许多作坊被荒废，巴人造纸技艺已出现传承断代、后继无人的现状，亟待抢救保护。

巴人造纸术列入巴中市第二批非物质文化遗产代表性项目名录。代表性传承人：夏同文、龙太双。

第13节 巴中枣林鱼制作技艺

巴中枣林鱼制作技艺是指中唐时期盛行于巴郡（今巴中市）北部10公里的枣林场的一种传统食品制作技艺。巴中枣林鱼制作技艺相传是唐太子李贤所赐。相传，太子李贤被贬居于与枣林相邻的巴州时，常到枣林河边垂钓，长此以往，与祖居枣林河边的李氏族人关系日益密切。好客的李家人在捕鱼时常用河水、泡菜、腊肉在船上煮一种名为"船家仔鱼"的菜品招待李贤，李贤为答谢李家人，让家人在自己家中用山泉水、大葱、生姜等原料做了一种与"船家仔鱼"味道截然不同的清汤鱼招待他们。众人品尝之后，发现清汤鱼色泽纯正，香气扑鼻，味道鲜美，老少皆宜，是一种罕见的美食佳肴。从此，这种制作方法便由李氏代代传承至今。

枣林清汤鱼的制作过程：

选材 枣林清汤鱼必须选用野生鱼；河内的黄角郎（书名黄辣丁）、鲢鱼、桂鱼、鲫鱼、鲤鱼都是枣林清汤鱼的鱼材。

作料　煮鱼必须用山泉水，配备适量的农家大葱、生姜、干红辣椒，自制猪化油、胡椒粉、鸡精、盐。

烹饪过程　将选好的鱼材洗干净，剖开，取净鱼肚内杂物，用刀刮干净，不用水洗，留下带血的鱼材。

将锅烧热后，放入自制猪化油，油化加入食盐和鱼，将鱼的血水炒干。待血水炒干后，放入大葱、生姜、少许干红辣椒，待炒到能闻到香味时，再加入适量的山泉水烹煮，并放入胡椒粉、鸡精，将鱼煮到鱼肉呈开裂状后方才起锅。

枣林清汤鱼的制作技艺，千百年来流传于民间，有极强的生命力，主要得益于清汤鱼鲜美可口，色泽纯正，营养丰富，老少皆宜。对其加强传承保护，能为枣林清汤鱼发展成为饮食产业打下坚实的基础。

巴中枣林鱼制作技艺已列入巴中市第六批非物质文化遗产代表性项目名录。代表性传承人：李光明、李光志。

● 枣林清汤鱼

第14节

老廖家腱子牛肉制作技艺

老廖家腱子牛肉是由古代卤菜发展而来的，是巴中市的传统代表性美食，巴蜀各地一直将其作为宴席上的上品佳肴。

据考证，卤菜诞生于秦汉年间，得名于隋唐，迄今已有两千多年的历史，主要原料有黄牛肉、食盐、食糖、白酒、葱姜、香辛料等，菜品色泽鲜艳、肥而不腻、肉滑油润、香味绵长。

唐圣历二年（699），太子李贤遭贬巴州，廖姓御厨随行。廖氏为仆，赤胆忠心，品行端正，聪慧好学，秉承京城皇家厨艺，采集巴山食材，融合乡里饮食技艺，创制独特的牛肉加工技艺和配方。不出三年五载，廖氏牛肉即名满巴州。

时光荏苒，欣逢盛世，廖氏后裔廖天发研习家族典籍，得先祖牛肉技法，慨叹其高妙，不忍其束之高阁，立志弘扬。1998年，廖天发秉承廖氏古方，采集巴山百草，精心调制汤料，匠

● 牛肉出锅

● 老廖家腱子牛肉

心制作牛肉，名号"老廖家"，香飘邻里，服务大众，奉献盛世，名满四方。

老廖家腱子牛肉选料严谨，操作精细，色、香、味、形俱佳，原料以巴山黄牛为佳，经过宰杀、去骨分档、修筋去膜、调味腌制、焯水出血、大火煮制、文火卤制、切片摆盘、出盘造型9个主要工艺环节18道工艺程序制成。

老廖家腱子牛肉色泽红亮，肉质筋道，肉味醇厚，鲜香可口，以精湛刀法和烹调技艺加工而成，形似薄纸，切片摆盘，形态丰富。

四川老廖家风味食品有限公司传承经典手艺，进行现代化开发，让此菜走出四川，名扬天下。经过十年的不懈努力，该公司产品被评为"四川省地方名优产品"，并获得"巴中市科技进步二等奖""巴州区科技进步一等奖""全国十佳优秀诚信品牌企业""四川名特产""巴中市知名商标""四川省著名商标""巴中市农业产业化重点龙头企业""全国质量诚信优秀企业"等20余项荣誉称号。公司拥有独立的知识产权，获省级科技成果转化1项、省级发明专利2项，公司独立设计外观专利5项。

老廖家腱子牛肉制作技艺列入巴中市第六批非物质文化遗产代表性项目名录。代表性传承人谱系：廖荣祥→廖成银→廖天发。

● 巴州芝麻饼

第 **15** 节

巴州芝麻饼制作技艺

巴州芝麻饼是流传于巴中市巴州区境内的一种即买即食、食之筋道、香味满口，又可炒回锅肉、待客下酒的佳肴。

巴州芝麻饼的制作技艺在传统的基础上有所提高，现有双酥椒盐饼、双酥糖饼、小酥饼（糖）、小酥饼（盐）四种产品。用面粉、芝麻、食盐、花椒面、酵母、白糖、水等原材料制成。

双酥饼内含多层，口感层次分明；小酥饼入口酥、脆、香；空心饼中间之空洞，是夹凉粉、凉面、腊肉之必备；肉饼用猪肉馅包制而成。

芝麻饼纯属手工制作，先要将面

粉加水和酵面，均匀搅拌，在一定时间后取出置于面案上，揉制，排条上酥，（需要盐的）撒盐、花椒面，（需要糖的）撒白糖，圈条，碾压成型，放入簸箕，在面饼两面撒上芝麻，在土灶达到一定温度时放进去，在里面烤制 9—10 分钟即可出炉。

芝麻饼既有芝麻的香味，又有酥的口感，吃起来香味无穷。巴州芝麻饼店有多家，尤以肖家巷何吴氏夫妇自制的芝麻饼深受百姓称赞，家喻户晓。

巴州芝麻饼制作技艺列入巴中市第七批非物质文化遗产代表性项目名录。代表性传承人谱系：何福德、黎碧香→何润生、吴映雪→何毅、吴顺依。

● 巴州芝麻饼制作

第**16**节

桃园鱼辣子制作技艺

桃园鱼辣子是南江县一种民间特色食品。在平均海拔 1600 米左右，层峦叠嶂、峭壁幽谷、山高水寒的南江桃园，冬春时节，蔬菜稀少，为解冬季蔬菜匮乏的窘境，老百姓独创了这一道下饭菜品。

桃园鱼辣子是将南江河的洋鱼（学名裂腹鱼）和辣子加工处理，配上当地山上的细辛、淫羊藿等中草药制作而成的具有独特营养价值的菜品。鱼肉色泽红亮，鲜辣咸香，极具川味特色。食之开胃利口，祛风御寒，可解头疼脑热，更具保健之功。桃园鱼辣子不仅是餐桌上的美味，更是馈赠亲友的上好礼品。

桃园鱼辣子制作技艺已列入巴中市第一批非物质文化遗产代表性项目名录。代表性传承人：卢举琼。

● 长赤麻饼

第17节

长赤麻饼制作技艺

　　长赤麻饼又名"空心麻饼"，流传久远，因其独特的中空、皮薄、香脆、纯甜、化渣、价廉而远近闻名，每逢结婚、寿诞、生子等欢庆之日，均可作为礼品馈赠亲朋好友。

　　长赤麻饼手工技艺得益于铁制工具鏊的诞生，具体形成时间可追溯至民国时期，传到现在已经是第五代。长赤麻饼为纯手工制作，以糯米麦芽熬成饴糖做皮料，从玉米中提炼出馅心糖，揉以面粉、芝麻香油，置平底鏊子锅炕制而成。制作工序繁杂，选料和烤制工艺极其讲究，其独特技艺为地方一绝。所

● 麻饼制作

制成的麻饼样式独特，为空心圆台状，台面沾满芝麻，表面橙黄色，底面板栗色，内部棕红色，圆形直径为 12 厘米，高约 4 厘米，皮薄约 2 毫米，味甜，香脆可口。

每逢过年过节，长赤居民几乎家家户户都准备麻饼，既招待亲戚朋友，也用于馈赠亲友。

麻饼制作工艺复杂，材料要求甚严，制作讲究，手工生产效率低，不易流传。目前，南江长赤麻饼制作者不多，现状堪忧，尤其是原始手工制作法的使用有所降低。

长赤麻饼制作技艺列入巴中市第三批非物质文化遗产代表性项目名录。代表性传承人：蒋作杰。

第18节

周记蔬菜汁豆干制作技艺

周记蔬菜汁豆干又名桃园豆腐干，是流行于巴中市南江县辖区国家 5A 级景区——光雾山风景区的一种民间传统手工食品。

中国是黄豆的故乡，其种植历史已有 4000 多年，《卜辞》及《本草纲目》中都有记载。黄豆为五谷之一，被誉为植物肉。在粮食匮乏的过去，家家户户都有做豆腐的经历。俗话说："人间有三苦，撑船、打铁、磨豆腐。"桃园豆腐干是传承人周芹的祖父在为别人帮长工时学得的豆腐加工手艺。

周记蔬菜汁豆干制作的原料选用当地山中盛产的黄豆。经过拣选、浸泡后，用石磨磨成豆浆，过滤后便开始加工制作豆腐。将过滤后的豆浆盛入锅中，加入适量的水用大火煮沸，煮沸后停火。待温度降至 70℃—80℃时就可以点卤了。点卤下汁分三次进行，时间根据豆浆的温度而定，因而也决定着成品的口感。当豆浆呈棉花状时便可起锅，将棉花状的豆腐脑舀入以纱布垫上的木方格箱内，四角反复包裹后开始压榨，压榨 20 分钟后翻箱、划块、码盐。然后放到特制的烘塔上用微火烘烤一小时后移至摊晾架上摊晾 2—3 天，让其自然发酵，至此豆干制作完毕。

豆干生产所用的水来自光雾山天然矿泉，富含多种稀有微量元素。点卤所用卤水乃用山中各种蔬菜、野菜、野梅子、野葡萄藤、野山楂、酸柳等浸泡而成，具有独特的口感和营养价值。

周记蔬菜汁豆干咸香爽口，硬中带韧，久吃不厌，久放不坏，营养丰富，老少皆宜。身体虚弱、营养不良者，气血双亏、年老瘦弱者，可用作疗养食品。桃园豆腐干可蒸、煮、炒、拌、炖，亦可做休闲小吃。

周记蔬菜汁豆干制作技艺列入巴中市第四批非物质文化遗产代表性项目名录，代表性传承人：周芹。

● 周记蔬菜汁豆干

● 土陶烧制

第19节 巴人烧造

　　巴山土陶制作技艺即"巴人烧造"，历史悠久，起源较早，已有上千年的生产历史。

　　土陶是一种非常古老的汉族手工制陶技艺，流传区域在南江县赶场镇一带，它的生产原料为富含多种矿物质的红土。土陶制品是经过低温烧制后生产出的各种生产生活器具，因温度和土质不同，呈土红、象牙黄、淡青灰等色彩，朴素自然。陶器上往往有浓厚地方色彩的符号和图案，使用简练的线条将土陶的凝重予以淡化，形成了风格质朴和意境悠远的陶器，兼具实用性和艺术性，具有原始社会新石器时代的形制、浓郁的汉代风韵、南北朝的特点，明清时期又吸收其他姊妹艺术之长处。

土陶以独特的造型和别具一格的凸线花纹饰缀形成自己特有的艺术风格，质朴地显示着丰厚的文化历史底蕴和明显的时代特征，被专家誉为"地面上流传至今的珍贵稀有土陶文物"。这些土陶除满足当地及邻近县市的人们日常使用外，还吸引了远道而来的日本、中国台湾等客户。

陶业有着五千多年的悠久历史，人们在日常生活和民俗活动中一直使用民间艺人们自行烧制的各种红陶、黑陶、灰陶、白陶器皿。陶罐在烹饪上有着香而不消失的特点，现在"绿色"已成为各种产品健康的代名词，日用陶瓷不论是现在还是将来，都不会过时。

巴人烧造列入巴中市第二批非物质文化遗产代表性项目名录。代表性传承人：高义红。

● 梯窑

第
^节20

小角楼蒸馏酒传统酿造技艺

小角楼蒸馏酒产于四川省巴中市平昌县，地处古巴子国腹心地带。其传统酿造技艺的核心地域白衣古镇、江口镇，自古以来都是巴河流域的政治经济和文化重镇。巴河两岸，河谷、平坝错落有致，气候温和，雨量充沛，湿度大，风速小，土壤富硒，水质富锶、清冽，有利于酿酒微生物的生长繁殖，适宜高粱、水稻等酿酒原料生产，酿酒条件得天独厚。

小角楼蒸馏酒的传统酿造技艺起源于 2000 多年前的古巴子国清酒酿造技法。经过酊缸酒、小酢酒到如今的小角楼酒，酿造技艺的传承演化历程，《水经注·江水》《华阳国志·巴志》等均有记载。《平昌县志》记载："明末清初，民间习惯酿醪糟、酊缸酒，境内以白衣小角楼小酢酒著名。"清光绪元年（1875）贵州遵义知府、云南布政使吴德溥荣归故里白衣古镇，请来贵州遵义酿酒师傅，引入其酿酒技艺，对本地民间烤酒技艺进行大胆改进，在小角楼寺

● 晾糟

● 装箱

下的圈井旁选址，扩建小角楼酒坊，从此开始形成小角楼酒独特的酿造技艺。

小角楼酒老厂区占地 180 余亩，生态白酒产业园一期占地 778 亩，现已成为"农业产业化国家重点龙头企业"。公司全面实施产业融合发展战略，把生态白酒园区打造为酒旅融合产业园，在巴中境内发展酿酒专用粮基地近 10 万亩，有力地促进了大巴山区的乡村振兴，具有良好的现实经济和较高的社会价值。

小角楼传统酿造技艺具有窖泥制作维护保养特殊、酿制原料配方独特、生产工艺控制典型等显著特征，具体酿造技艺就是"6938"工艺。"六月六"进山挑选采集大巴山特有的巴山松针叶林森林腐殖质土壤，利用其营养素与适应酸性环境的微生物菌群，配搭古窖泥、古糟醅中的微生物菌群培养窖泥。"九月九"搭窖、培窖。选用优质高粱、玉米、糯米"三粮"独特配方；经过"八步工艺"（混蒸续渣、低温双轮底发酵、慢火蒸馏、量质摘酒、按级并坛、陶坛密封贮存、陈酿老熟、精心勾调）。这些独特技艺决定了小角楼酒浓郁的地域、文化特色，其酒质"粮香细陈、醇厚绵甜、沁柔净雅、余味爽净"，深受广大消费者喜爱。荣获"中商部优质产品""中国驰名商标""首届四川十朵小金花白酒企业"等百余项殊誉。

小角楼蒸馏酒传统酿造技艺列入四川省第六批非物质文化遗产代表性项目名录。代表性传承人：何成盛、杜鹏程、杨泉、张惠、沈永兵、陈刚。

● 巴河风干鱼

第21节

巴河风干鱼制作技艺

风干鱼，是用盐腌自然风干的鱼。在日常烹饪中，渔民将未食用完的鱼风干以备不时之需，后逐渐形成风干鱼技艺。人们俗称"咸鲜鱼"或"鱼干"。在我国，鱼通常喻示"年年有余"，所以干鱼在古代多用于祭天、祭祖，以祈求国运昌盛，百姓五谷丰登、衣食无忧。鱼类作为人类膳食结构中的重要组成部分，素为川人所喜。干鱼在四川历史悠久，在《礼记》《同昌府志》均有相关的记载。

平昌水系发达，知名鱼肴品种繁多，水产品资源为经典鱼肴的产生奠定了基础，特别结合平昌特产——国家地理标志"江口青鳙鱼",巴河风干鱼应运而生。

民国时期,当地老渔民李照海在平昌县坦溪口即现在的坦溪社区码头,搭草屋开办鱼店,他在原有风干鱼制作技艺的基础上,进行了一定程度的改良,使其制作的风干鱼口味独树一帜,成为附近乡民的必点菜品,名声远传至达州、南充、重庆等地。

民国二十五年(1936),四川大旱,岳池一个名叫杨海清的年轻人背井离乡来到巴河之畔坦溪口。他在品尝到李照海的风干鱼后,对其味道赞不绝口,在他的诚心恳求下,李照海答应教他风干鱼的制作方法。至此,杨海清便开始了风干鱼的制作与钻研,他沿袭并汲取了李照海和当地渔民的传统鱼干制法,采用秘制配方,创制出既便于携带又有鱼鲜味的"杨氏"巴河风干鱼、风味鱼。因杨海清为人侠义,烹鱼独特,八方食客慕名而来,食后纷纷表示"鱼"犹未尽,其制作的风干鱼深受大众欢迎。

巴河风干鱼制作技艺具体流程包括:

选鱼—活鱼宰杀—去掉头尾、内脏—腌制(用食盐和香料)

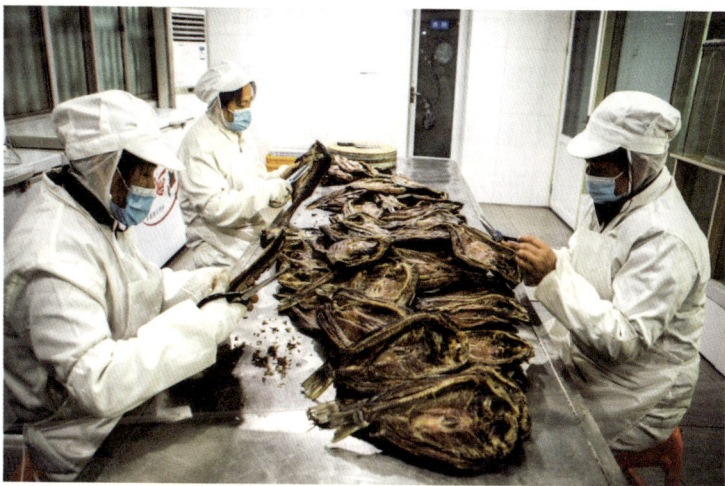

● 分割

● 拌料

三天—清洗—风干—打磨（打磨鱼骨、剔除鱼骨）—分割（用剪
刀剪成小块）—清洗—熟化（用蒸笼蒸两个小时）—拌料（熟油、
香辣油、麻辣油、秘方）—用优质清油再拌一次料—装袋—封
口—形成产品。

　　巴河风干鱼在保留原有鱼类营养价值的基础上，加入特殊辅
料，通过腌制和风干形成了特有的有益菌群和微生物。其色泽清
亮透明，具有浓郁的复合香气，味道绵甜爽口、回味悠长，是老
百姓喜爱的佐餐佳品。

　　巴河风干鱼制作技艺列入巴中市第四批非物质文化遗产项目
代表性名录。代表性传承人谱系：李照海→杨海清→杨能阶→杨
新明、杨丽琼。

第22节 白衣全鱼宴制作技艺

白衣古镇处于巴河、通河交汇处，河水清澈透明，盛产各种野生鱼类，远近闻名。白衣全鱼宴在本区域家喻户晓，在巴中、通江、达县以及白衣镇周边几十个乡镇负有盛名。

咸丰年间，白衣人吴镇成为翰林院庶吉士，同治年间升任浙江道监察御史，为官清廉正直，其孝道更是远近闻名。清同治九年（1870），吴镇母亲大寿，他早早就从外地赶回白衣为母亲大寿做准备。吴镇深知母亲喜好食鱼，便亲自下河捕鱼，并请当地最有名的烹鱼大厨周师傅前来主厨。寿宴之日，地方官吏、大户人家、亲朋好友等前来祝贺。席间，众人皆惊讶，只见桌上全是鱼，炸鱼、蒸鱼、煮鱼，鱼头、鱼鳞、鱼尾等摆满了席桌，鲜香的味道和鲜艳的色泽，让众人大为称赞。这桌别致的宴席让吴镇母子大喜，不仅大赏周师傅，还聘其为家厨，并要求把当天各类鱼的做法整理成食谱，流传于世。

近年来，白衣本地人何桂英在传承白衣全鱼宴的基础上进行了全面创新，她选用巴河的野生鲢鱼、青鳙、翘壳（红鳍鲌）等为原料，通过独特的烹制技艺，将鱼肉、鱼鳞、鱼血、鱼鳔、鱼子、鱼肠等部位通过烹、炸、煎、烤、煮、熬等做成30多个菜肴，深受广大食客的喜爱，中央电视台、《四川烹饪》等媒体杂志也曾多次采访报道。白衣全鱼宴已成为巴中乃至四川的名菜。

白衣全鱼宴具有重要的价值。一是历史传承价值。白衣自古就有做鱼的传统，研究白衣做鱼的技法，对研究白衣古镇文化，特别是饮食文化具有重要意义。二是经济价值。宣传全鱼宴，做好全鱼宴，对提高当地老百姓的收入、提高利税、活跃和繁荣市场经济都有巨大的作用。三是文化价值。全鱼宴的菜有百寿丸、牧童乐、条条顺等寓意风调雨顺的吉祥命名，食客吃在嘴里，既是食用，又是领悟一种饮食文化，对和谐人际关系有积极意义。

白衣全鱼宴列入巴中市第七批非物质文化遗产项目代表性名录。代表性传承人谱系：周师傅→郑水清→郑桂芙→何桂英→何浩。

第**23**节

平昌青芽茶制作技艺

平昌种茶历史悠久，茶文化源远流长。茶的利用始源于巴，兴于蜀。宋代有言，"汉中买茶，熙河易马"。汉中，是早期西北茶马贸易的茶叶集散地，"汉茶""巴茶"是主要的交换物，平昌也是巴茶主产区之一。

北宋大观三年（1109）的摩崖石刻《紫云坪植茗灵园记》，时属巴州曾口县（今平昌），清道光二年（1822）划入太平县（今万源市），是现存最早的以摩崖石刻方式记载大巴山区引进推广良种茶树的文化作品。明洪武—永乐—正统—成化年间，巴茶沿巴山南麓被背运至陕西褒城茶厂，以备西北"易马"，通江、南江及平昌设有茶仓，方便转运。清雍正七年（1729），举人蒲曾英咏有"镇龙八景"诗，其一《清顶香茶》：日出卧龙日暮色，月生青顶月茶香。于是得名"青顶茶"。

1973年后我国农业种植结构发生变化，提出多种经营模式，"粮棉油，麻丝茶，糖菜烟，果药杂"。《平昌县志》载：平昌县政府在镇龙、西兴、江口、得胜、笔山、界牌、麻石（望京）等16个公社（镇）建立茶场25个，种茶2700亩。1975年，县财政拨款2万元支持茶场建设。1977年，新建茶场36个，新增面积4182亩，产茶2万余斤，引进新设备、改进新技术，大量生产茶叶产品，后把"青顶茶"更名为"平昌青芽"。

近年来，平昌县全面实施"龙头领茶、科技强茶、品牌立茶、旅游兴茶"战略，着力构建"一园两翼三片"的产业格局。"一园"：以邱家镇为核心区域，带动云台镇、三十二梁镇、笔山镇连片建设5万亩茶叶省级现代农业园区。"两翼"：金宝山万亩现代茶业产业园，得胜有机茶基地。"三片"：西兴镇皇家山、响滩镇高山生态茶叶示范片，泥龙—岩口—望京—江家口—镇龙镇高山富硒茶产业片。

目前，全县建成标准化优质茶叶基地28.5万亩，打造了三十二梁、西兴皇家山两个以茶旅融合为主导的国家4A级旅游景区和龙尾省级茶叶示范主题公园，全县茶叶省级龙头企业3家、市级龙头企业4家、国家级示范合作社1家。"平昌青芽"获国家地理标志产品称号，具有"高山、高锌、高香"，汤色嫩绿明亮，香气浓郁持久，滋味鲜醇甘爽的品质特性。

平昌青芽茶制作技艺列入巴中市第七批非物质文化遗产代表性项目名录。代表性传承人：张家天。

● 坛姥姥泡菜

第24节

坛姥姥泡菜制作技艺

通江县洪口场（今洪口镇），坛姥姥泡菜制作技艺发源地。1932年12月，红四方面军翻秦岭、越巴山，先后进军四川通江、南江、巴中。次年2月，以通江、南江、巴中三县为中心，建立川陕革命根据地。四川军阀对根据地实行残酷的军事"围剿"时，也实行严酷的经济封锁，川陕苏区很快闹起了"盐荒"。一个大洋、一斗稻米换不到一两盐巴，盐巴成了川陕苏区军民最紧缺的物资。

时任红四方面军第四军十师二十九团妇女排排长刘文治，将通江洪口场（今洪口镇）家中仅存的一小罐盐巴捐

069

给了前线指战员，而妇女排战士因长期缺盐，四肢乏力，头发渐白，甚至晕厥，严重削弱了战斗力。刘文治姥姥坛氏毅然将家中唯一补充盐分的老坛泡菜送到妇女排。坛姥姥这缸美味的泡菜补充了全排战士身体所需的盐分，战士们逐渐恢复了战斗力，并度过了"盐荒"。从此，战士们对坛姥姥泡菜念念不忘、津津乐道，坛姥姥泡菜因而声名大振，成为川陕苏区军民记忆中的美味。

坛氏后人将此技艺传于外孙女李开菊。李开菊，通江洪口人，因特别喜欢吃泡菜更喜欢做泡菜而得到外婆的真传，后来嫁到达县檀木场（今麻柳镇），在檀木场一带将坛姥姥泡菜制作的

● 配比秘制香料包

● 加入香料包

● 埋坛子

方法流传开来。后又将此技艺传给其子，也就是第三代传承人胡泽培。胡泽培从小喜欢吃泡菜，更喜欢以泡菜、豆瓣做酸辣菜系，于 2001 年在巴中市巴州区广场街 42 号、通江县开办"老坛酸辣鸡"，得到四川电视台美食美旅栏目组推荐。2021 年在巴中市巴州区成立四川坛姥姥食品有限公司，将坛姥姥泡菜制作技艺系统性地保护传承起来。

坛姥姥泡菜制作技艺采用传统土陶泡菜坛，浅埋于土地中，埋置深度以地面下埋坛体高度 2/3 为宜，在坛体周围覆盖 5 厘米厚粗沙层后，再覆盖 10 厘米厚碎石层（以粒径 2—4 厘米为宜），露出坛沿根部 5—10 厘米，在坛子上部 1.8—2.0 米处用钢架及防锈网遮盖，在坛子旁边种植油麻藤，让油麻藤爬满整个钢架网以防止阳光直照。坛子成行排列，坛子行列设置出入坛的手推车通道，通道用透水砖铺设，坛子埋设好后，便可以进行泡菜的泡渍流程及常规护理了。

该方法主要利用地下冬暖夏凉的自然规律，项目推广地区常年平均气温，泡菜适宜的发酵温度、湿度，常规保养及维护的便利性。泡菜坛埋好后，对坛内进行清洗并消毒，按水盐 100：3.8 比例调好盐水，加入辣椒、花椒、大蒜、生姜、冰糖等调味，再加入各类季节性蔬菜，最后加入坛姥姥用十几种香料配制而成的秘制香料包提升泡菜口感，坛口用保鲜膜密封，盖上坛盖，淋上坛沿水，进行 15 天左右发酵。鲜香可口的坛姥姥泡菜制作完成。

坛姥姥泡菜制作技艺列入巴中市第七批非物质文化遗产代表性项目名录。代表性传承人：胡泽培。

● 石磨磨浆

第**25**节

酸水豆干制作技艺

我国是豆腐的发源地。

相传，淮南王刘安（前177—前122）母亲喜欢吃黄豆，有一次因病不能吃整粒黄豆，刘安就叫人把黄豆磨成粉，怕粉太干，便冲入些水熬成豆乳，又怕味淡，再放些盐卤，结果凝成了块状的东西即豆腐花。淮南王之母吃了很高兴，病势好转，后又发现石膏或其他盐类可以凝固豆乳做豆腐，于是豆腐的做法就流传了下来。另一则传说同样源于汉代，说是一对小夫妻偶然发现泡制酸菜的水能点豆腐，后世便有了"酸水豆腐"的传承。

● 磨豆浆

● 豆花定型

● 过滤豆浆

● 切豆腐

● 往烘箱里放置腌制好的豆腐

● 酸水点豆腐

● 熏豆干

● 晒豆干

古代劳动人民制作酸菜的初衷是为了延长蔬菜保存期。在《诗经》中有"中田有庐，疆場有瓜，是剥是菹，献之皇祖"的描述，据东汉许慎《说文解字》解释："菹菜者，酸菜也"，即类似酸菜。酸菜水点出的豆腐有别于淮南王刘安所用到的盐卤或石膏等点出的豆腐，豆香味更浓郁，同时没有苦涩味，更受人们喜爱。但因为受气候因素限制，点豆腐的酸菜水只能在冬季制作，春、夏、秋三季气温偏高无法保存，所以从古至今，酸水豆腐也只能在冬季才能制作，这也是酸水豆腐虽然已有上千年历史但没能大规模普及的原因。后来人们为了能在其他季节吃上酸水豆腐，便采用柴火熏烤来做成豆干。

烟熏酸水豆干的制作工序：选豆浸泡、磨浆去渣、柴火烧浆、酸水点浆、加热保温、压制成型、柴火熏烤。其中磨浆去渣环节采用石磨磨浆、手工滤渣，最大程度地保证豆浆的原味与细腻。然后用土灶烧柴煮浆，更能保留豆子的原汁原味和豆腐的醇香。采用独特的酸水点制豆腐，在保留豆腐的香味的同时不产生苦涩味。与其他点浆方式不同，酸水点浆需要持续加热保温，若低于75℃则很难形成豆花，点浆也就随之失败。柴火熏烤在古代主要是为了能够更长久地保存豆干，同时让豆干产生独特的风味。

酸水豆干制作技艺列入巴中市第七批非物质文化遗产代表性项目名录。代表性传承人：何光义。

第26节

玉米小酢酒酿造技艺

玉米小酢酒酿造技艺是流传于四川东北部的一种民间传统手工技艺。被群山所环绕的贵民镇依托当地的良好生态环境——土壤质地好、充足的水分、充足的光照、适量的二氧化碳，生产出了优质玉米。它作为酿酒的主要原材料，再配以四川唯一产于火成岩区的优质低矿化度天然矿泉水——其水质清冽甘醇，天然绿色，富含硒、锶等多种稀有微量元素——酿造而成玉米小酢酒。

玉米小酢酒酿造工艺流程是：先将玉米进行拣选、淘洗，上甑大火蒸酿，甑子采用当地山中的柏木打造，其味清新，出甑时用木锨、耙梳轻挖，用竹篾编制的端撮摊晾，后撒曲，拌和时则在作坊里专设一地堂，将端撮里的玉米轻撒匀铺在篾席上，再用木锨、耙梳拌和母糟、玉米、糠壳，用手掐、眼观、鼻闻来掌握翻曲的时机，确立堆积的层数，以自然积温、自然风干来实现生香发酵，等到条件符合时再入窖池，入窖池存放七八天后便可烤酒。烤酒时，先将窖池里的原料用木锨、耙梳轻挖低放，用端撮轻撒匀铺到甑内，随即便探汽上甑、缓火蒸酒，几分钟后开始出酒，此时又要看花摘酒、除头去尾、蒸馏接酒。新酒出来之后，便用本地烧制的黑陶坛储存，其陶体具有良好的氧化和吸附作用，使小酢酒中的醇、醛等物质得到很好的氧化，同时使其中的杂味得以被吸附，最终形成了醇厚甘爽、温润舒畅的玉米小酢酒。

玉米小酢酒有通络活血之功效，能加快人体血液循环，净化血液，清理血液中的毒素，同时含有赖氨酸以及亚油酸等物质，能提高人体组织细胞活性，减少病毒对人体细胞的伤害，玉米的性味醇厚甘爽、温润舒畅，有健脾益胃、利水渗湿的作用。

玉米小酢酒酿造技艺列入巴中市第七批非物质文化遗产代表性项目名录。代表性传承人：石毅德。

第27节

永帝宫豆瓣酱制作技艺

永帝宫豆瓣酱，最早出现于清康熙年间，秋后加工窖藏至九月初九。产于南江石滩镇石滩村独柏树下，独柏树又名"七子柏"，此柏被村民奉为神树，独柏七枝，枝枝挺拔，似七童男相拥而立。据说乡民得神树护佑，平安幸福，人人享耄耋长寿。每逢节庆，信众为独柏树上香挂红，许愿祈福。

豆瓣酱是民间手工制作，也称"酱瓣子"，具有开胃健脾、祛湿除毒、清热祛火、怡神提气、强身补脑、增强食欲之功效，其秘方独创、工艺独特，因为纯手工制作，更具美味和健康。第三代传承人王桂华根据民众口味喜好，调整中药材药理，独创天麻、杜仲、黄芪等十六味名贵中草药原料熬制酱水，再以桑葚加醪糟秘制浸泡豆瓣24小时以上，通过晾晒发酵，辅以光雾山富硒红椒、生态菜籽油、大蒜、花椒等绿色生

态原料拌匀封坛窖藏，发酵三月后起坛出窖。起窖后酱瓣十里飘
香，沁心爽口。这种精细、独特的传统技艺，一直传承至今。

永帝宫豆瓣酱属川菜系的川北风味，瓣子酥脆，酱香浓郁，
回味醇厚悠长，既是烹制菜肴必备的调味佳品，又可直接佐餐，
使人食欲顿开，口舌生香，在巴山饮食界早已赢得"川味新宠"
的美誉。用永帝宫豆瓣酱烹制的回锅肉、豆瓣鱼、麻婆豆腐等，
更被百姓誉为川北家常菜中的代表之作。

永帝宫豆瓣酱制作技艺列入巴中市第七批非物质文化遗产代
表性项目名录。代表性传承人：王桂华。

● 藤编制品

第28节

藤编技艺

　　藤编技艺有着悠久的历史和深厚的民间基础。早在三四千年前，我们的祖先就会利用藤条制成器具。北宋欧阳修等人编修的《新唐书·地理志》记载："广州、南海郡、中都督府。土贡：银、藤簟、竹席、荔枝……"清道光十五年（1835）编修的《南海县志》记载："藤生南海滨，引蔓青且长……岭南藤类至多，货于天下，其织作藤器者十家而二……"在整个历史长河中，藤编制品一直在人们生活中占据着重要的

● 藤椅生产

● 青藤处理

● 采割青

位置。在近代，藤编产品主要用于生产生活，其技艺主要传承于各地藤编艺人，编织生产生活用具以及装饰性艺术品。

通江县境内的藤编技艺是指通江县民间藤编艺人李海波及其传承人群体的藤编技艺。主要存在于通江县董溪乡，背靠海鹰寺林场，就地取材，其技艺流程需要经过严格的四五十道工序。主要包括采藤、煮藤、剥皮、漂洗、晾晒、编织等环节，编织的果盘、筲箕、藤椅、藤床、吊篮、茶几、躺椅等实用器具具有较高的使用价值。编就的藤编艺术品，具有独特的艺术效果。在通江甚至巴中境内都有较大的影响，有广阔的市场空间。

藤编产品有着让人们喜爱的特点。一是质量轻，只用一只手就能轻松提起，却能承受 150 公斤以上的重量。二是原生态，全部采用当地自然出产的竹、棕、青藤等原生态材料，采用传统手工制作技法，吸湿吸热，舒适性高。三是经久耐用，本地出产的青藤比进口的印尼大藤和云南的葛藤韧性更高，产品使用寿命能达到 60 年以上。

● 打磨藤椅

李海波的藤编生产工坊现有2000平方米的厂房面积，年均生产藤椅达5000余把，解决就业岗位50余个，实现销售收入300万元以上，成为当地老百姓增收致富的重要基地。巴中藤编产品曾获得第六届四川省工艺美术精品奖铜奖。

藤编技艺列入巴中市第七批非物质文化遗产代表性项目名录。代表性传承人：李海波。

● 尹家牛肉

尹家牛肉制作技艺

尹家牛肉因产于巴中市恩阳区尹家乡而得名。尹家乡有回族、土家族、壮族、苗族、彝族等少数民族乡民，尹家牛肉就是陈氏回民祖传技艺。尹家牛肉于清朝末年形成，因选料严格（活牛宰杀），加上做工精细、用料考究，其制成的干牛肉色鲜味美、口味独特、香味纯正，因而远近闻名。其特点是软硬适度、咸鲜适口、色泽红亮、食不落渣、香气浓郁、回味悠长。

腌　腌制的原料主要是食盐和花椒等，必须是把牛肉涂上花椒、盐巴，反复揉搓，使其均匀入里，然后放入瓦缸内让其入汁四五天，出缸将干牛肉涂上锅黑，挂到风口处两三天后即可煮食，切食时加上辣椒油，别有一番风味。冬天干牛肉可放一月，如果挂存生干牛肉三四个月后煮出来，一样味美。

熏　将腌制好的牛肉，按照舌头、心、腿肉、腱子肉等分类挂在通风处，晾晒半月后用柏树枝烟熏2—5天，待牛肉成金黄色后即可。

蒸　用竹蒸笼将熏制好的牛肉装好，将牛头、牛骨熬制成高汤放于锅底，用大火蒸4—6小时取出即可食用。

装　将晾好的干牛肉，用真空机包装，每袋200—250克。

尹家牛肉制作技艺列入巴中市第六批非物质文化遗产代表性项目名录。代表性传承人：陈振科。

● 尹家牛肉礼盒

第二章

传统美术

● 泥塑制作

第 1 节 —— 巴中泥塑

　　泥塑是一种古老常见的民间艺术，它以泥土为原料，以手工捏制成形，辅以工具雕刻，或素或彩，以人物、动物为主。巴中泥塑以宗教人物、神话人物为主。

　　巴中泥塑艺术可上溯到距今 2230 年前的秦代。据巴中考古发现，1956 年在巴中县上八庙出土陶武士俑、乐伎俑、动物俑等，时间约为公元前 218 年。1958 年在巴中水泥厂出土陶罐、陶佛等，时间约为公元 148 年。

● 泥塑制作

　　先民认为亡灵如人生在世，同样有物质生活的需求，丧葬习俗中需要大量的陪葬品，因此产生了用活人、活物殉葬的残忍野蛮的制度。秦汉以后随着殉葬制度的改革，逐渐取消活人、活物殉葬，代之以木俑、陶俑，这在客观上对泥塑的发展和演变起了推动作用。两汉以后，随着道教的兴起和佛教的传入，以及多神化的奉祀活动，社会上的道观、佛寺、庙堂兴起，直接促进了泥

塑偶像的需求和泥塑艺术的发展。到了唐代,泥塑作品不但服务
于人们的基本生活,还广泛用于佛教、道教等宗教活动。宗教造
像除了泥塑以外还采用石刻技艺,但一般工匠在石刻之前都采用
泥塑的方式对作品进行造型、修改、定稿等前期准备工作。民国
年间,巴中泥塑艺人加工宗教泥塑(俗称泥菩萨),当地群众购
买(俗称请)泥塑供奉于家中,用以祈子、护生、辟邪、镇宅、

纳福。

　　巴中泥塑传承至今，具有浓郁的乡土气息和较高的民俗文化、美学研究价值，泥塑已经经历了生活器皿—祭祀物品—宗教造像—工艺美术等发展历程，形成了鲜明的艺术特色，夸张合理，取舍得当，能真实地刻画出人物性格、体态，品种丰富多彩，色彩鲜艳自然。

　　巴中泥塑列入巴中市第五批非物质文化遗产代表性项目名录。代表性传承人：李积芳、李扶摇。

● 泥塑制作

第2节

巴中根雕

根雕艺术（根艺）与文学、书法、插花、制陶一样，来自人类社会实践。

有记载说，根艺始于战国，形成于汉晋，发展于唐宋，兴盛于明清，至今已有2300多年的历史。巴中根雕在民间文化艺术上的探索与我们的生活息息相关。一些生活用具、农耕工具就是以根雕的形式存在。

根雕是以树根或者树身树瘤等作为原材料，在此基础上进行工艺处理，通过创作者读根、品根、立意、设计，

● 根雕作品

创作出人物、动物、器物，用于收藏和观赏。

　　巴中根雕创作有如下六个步骤：一是采集树根。一般收集密度大、造型独特、不易腐蚀的木材。二是去皮清淤。根据材质，有些木材需要去除易腐的表皮，可通过剥离或浸泡去除外皮，不要伤及根材和纹理，有些树洞里面有泥沙，要清洗干净，放于阴凉处阴干方可使用。三是构思、立意、造型。反复观摩根材，巧妙利用原有形态纹理设计草图，注入思想，赋予灵魂。四是雕刻去掉多余根须。雕刻局部，使其纹理和自然纹理相辅相成，达到形态互补、天人合一的效果。五是打磨。用砂纸由粗到细地打磨抛光，使作品线条更加流畅，特别是要避免破坏原有纹理。六是喷漆打蜡。根据木材特征上清漆和打蜡，起到保护根雕作品的作用。

巴中根雕覆盖区域广泛，在巴州区、通江县、平昌县、南江县有许多根雕爱好者。巴州区平梁镇的韩瑾嶒是巴中根雕代表性传承人，祖上四代都是根雕制作者，他成立的巴中市鑫麟工艺美术有限公司专门从事巴中根雕制作，该公司也是巴中职业技术学院的根雕教学传习基地。另一个代表性传承人是南江县人杨泽勤，他创办了两个根雕艺术展馆，一个是禹王宫集州根艺馆，另一个是养生巴山根艺馆，供各地游客免费观赏，先后接待游客10多万人次，受到省、市、县各级领导的肯定和支持，受到省内外专家的好评。

巴中根雕列入巴中市第七批非物质文化遗产代表性项目名录，代表性传承人：韩瑾嶒、杨泽勤。

第**3**节

巴中糖画

糖画，顾名思义，就是以糖做成的画，它亦糖亦画，可观可食。民间俗称"倒糖人儿""倒糖饼儿"。这一颇具民间特色的工艺已有 400 多年的历史。据考，它起源于明代的"糖丞相"。褚人获《坚瓠补集》载，明俗每新祀神，"熔就糖"，印铸成各种动物及人物作为祀品，所铸人物"袍笏轩昂"，俨然文臣武将，故时戏称为"糖丞相"。后

● 糖画带来童年欢笑

来，民间艺人又将中国皮影、民间剪纸等姊妹艺术的造型手法融于一体，不用印铸模具，而改为直接操小铜勺，舀糖液绘出皮影图案，逐渐演变发展成为今日的糖画艺术。

用小铜勺舀起铜桶中的糖稀，以腕力带动勺子运行，随意挥洒在光洁的大理石板上或提、或顿、或放、或收，速度很快，一气呵成。随着糖液缕缕洒下，在不到一分钟的时间里，栩栩如生的飞禽走兽、花鸟虫鱼等形象便呈现在众人面前。威风凛凛的游龙和绚丽多姿的彩凤，更是令人拍案叫绝。糖画造型生动，色彩鲜艳，深受广大群众尤其是孩子们的喜爱。

巴州糖画据说在清光绪时就有了。辛亥革命年间，有一位体高、颈瘦长、蓄长发、身着长衫的男子来到巴城，人称"毛糖人"，常在城门附近摆摊，为人们作糖画。

巴中糖画列入巴中市巴州区非物质文化遗产代表性项目名录。

● 糖画制作

● 原文化部副部长项兆伦与李亚雪、李皓迪合影（何嗣猛 摄）

第4节 巴山剪纸

巴山剪纸起源于西汉，因造纸术的兴起而有了剪纸艺术，兴盛于南北朝，明清时广为流传。其技法独特，采用画样、拨样、浸湿、压平、染色、出样、装裱等独特的工艺手法，将传统和现代剪纸与绘画、浸染等有机结合，构图精美，观赏性强。巴山剪纸周期性和生活实用性突出，有着悠久的历史和深厚的民间基础，融合了南方的灵巧、北方的粗犷，具有刚柔相济的独特之风，

● 四川省非遗专家参观传承人李怀玉的剪纸作品（何嗣猛 摄）

有着浓厚的民族风格和乡土气息，体现了巴山人民勤劳、勇敢、积极向上的生活态度。

受巴中地形地貌和传统巴文化的影响，巴山剪纸作品多表现花鸟虫鱼、花草树木、山川河流和农村生活场景等，表达人们祈求吉祥、平安、幸福等愿景。每逢春节等喜庆节日，人们将鲜艳的剪纸贴在自家窗户、房门、墙壁上，烘托节日的氛围，取意祥瑞安康。其主要风格分为三种：一是造型古朴，剪法粗放，内容沿袭了原始图腾的纹饰图样，保留了中国早期的文字符号和阴阳五行哲学思想；二是受汉文化影响较深，造型讲究工整对称，线条讲究细腻流畅，以历史传统和生活装饰图案为纹样源流，反映主流历史文化生活的艺术品位；三是受当代西方美术影响，形式上融入了西方美术绘画的特征，把黑白灰、透视、色彩、构图布局等元素融入传统剪纸中，浑然天成，与时俱进，反映了当代民间文化的走向。

巴山剪纸入选第一批四川省传统工艺振兴目录、四川省非遗扶贫就业工坊，以企业为依托，以产业为核心，以产品为载体，大量带动当地贫困人口就业，助推非遗项目市场化、活态化、产业化，实现了非遗保护传承、文旅扶贫的有机融合、协调发展。

巴山剪纸列入四川省第四批非物质文化遗产代表性项目扩展名录。代表性传承人：李怀玉、李亚雪、李皓迪。

● 李怀玉在第五届成都国际非遗节展示剪纸艺术（何嗣猛 摄）

● 石雕工具

第 **5** 节

通江石雕

通江石雕有着悠久的历史和深厚的民间基础。据《通江县志》记载：通江古属巴国，秦属巴郡，西汉称宕渠，西魏置县，唐宋称壁州。据《蜀中名胜记》载："壁州神庙石刻，在今通江县北有元光三年制书。"境内石雕鼎盛于唐，今位于通江县城西门的全国重点文物保护单位——千佛岩摩崖造像，被誉为国之瑰宝。这些雕塑者均来自民间，其雕刻技艺在民间以师承方式代代传承和发展。

目前，通江石雕主要分布于通江县民胜镇境内的乌龙山、草庙子、百盘梁、周子坪等村组。其从用料上可分为花岗石雕、大理石雕、白绵石雕、青绵石雕、汉白玉石雕等。从艺术形式上可分为圆雕、浮雕、透雕。从题材上可分为三大类：一是吉祥图案石雕。二是戏剧人物、古代英雄、神话传说和日常生活题材的石雕。三是辟邪纳福的吉祥物与祥瑞动物。其雕刻从选料、开山、取石到雕刻、着色、成像，每一步骤都有既定的歌谣和仪式，特别是对佛像、神像的雕刻、着色、装脏、开光、点像、迎神、安位等都有秘而不宣的独特的诀术歌谣和仪式。所有的图形、图案都是师傅口传心授，取料后只需用笔在石料上画出大致轮廓，然后按照心中的形象进行雕刻，成像后根据物象的特点着色，若是佛像、神像，着色后还有一整套既定的仪式。

　　通江石雕集民间绘画、雕塑、宗教、民俗等多种元素于一

● 曾玉平正在石雕作业

体。其风格真诚、敦厚、淳朴；色彩对比强烈，造型大胆夸张且饱满匀称；形式与内容结合紧密，追求形似和神似的统一；不少主题与祖先崇拜、图腾崇拜、鬼神崇拜、生殖崇拜等原始文化密不可分；口传心授的传承方式使通江石雕突破了形体外在轮廓的限制和二维空间的限制，表现手法为多视点、多层次，具有较高的历史研究价值、艺术价值和经济价值。

通江石雕列入四川省第二批非物质文化遗产代表性项目名录。代表性传承人：曾玉平。

木雕作品：《百财》

第 6 节

木雕技艺

木雕技艺是伴随着人类的产生而产生。从一开始不自觉的行为，到人们有了审美意识，木雕才真正成为一门艺术。秦汉两代木雕工艺趋于成熟，绘画、雕刻技术日益精致。明清时代的木雕题材多为生活风俗、神话故事，诸如吉庆有余、五谷丰登、龙凤呈祥、平安如意、松鹤延年等木雕内容，深受当时社会欢迎。

木雕技艺一直传承并流传于南江县和通江县境内，具有悠久的历史和广泛的社会基础。

● 木雕程序：在原木上画制初稿

● 木雕程序：取大形

　　南江县、通江县的木雕工艺大约始于明代，盛行于清朝、民国，表现题材有人物、山水、飞禽、走兽、花卉、鱼虫等，体现在古建筑中居多。在南江县城附近的龙华寺、琉璃寺、木质古塔、长赤禹王宫等，都可以看见木雕在建筑上的应用，沙河镇、高塔镇、长赤镇和天池镇的祠堂、古墓群，木雕艺术

也依稀可辨。现如今，木雕艺人在继承传统木雕技艺的基础上，改进了传统单一的建筑木雕和宗教造像，致力于创作供人们观赏、有趣的实用性木雕作品，获得南江业内一致好评。

流传于通江县境内的木雕传承人利用当地木材资源，包括柏树、香樟树、板栗树以及部分质地坚硬的杂木，进行雕刻加工，在长期的生产生活实践中，摸索总结出了木雕各个环节的技艺手法等，是当地人们实践经验的总结和聪明智慧的结晶。其传统技艺包括选材、干燥、选题、草图、造型、雕刻、打磨、上漆、命

● 木雕程序：打磨

● 代表性传承人梁兴旺

● 南江县光雾山景区，梁兴旺在"文化和自然遗产日"活动上展览木雕作品

名等环节。最终形成如茶几、拐杖、衣柜等实用器具和人物摆件、挂饰、装饰品等艺术作品。木雕成为当地重要的文化艺术与实用手工艺相结合的艺术类别。

木雕技艺列入巴中市第七批非物质文化遗产代表性项目名录。代表性传承人：岳晖、梁兴旺。

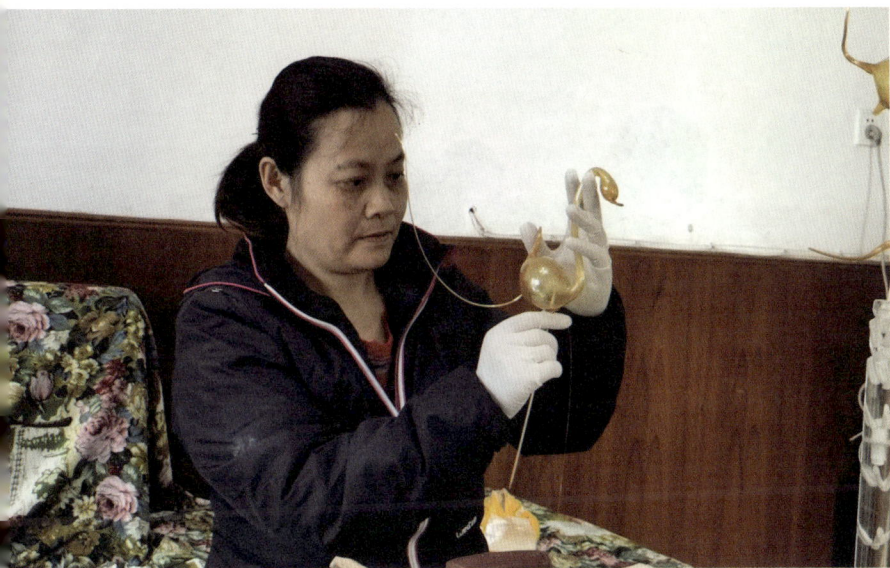

● 吹糖

第 **7** 节

吹糖

　　吹糖艺术是我国古老的民间艺术，最早起源于唐朝。过年过节，在街头、旅游景点，民间手艺人用木棍在一个加热熬好的麦芽糖锅里挑起一块糖，双手迅速拉糖，然后做个漏兜，封口以后快速拉出一个一次性的糖管子，一边吹一边用手拉出各种形状。

　　吹糖作为一种民间手艺，手艺人必须具有一定的美术知识，掌握人物和动物的基本形态特征，还需具有较高的技艺水平，不仅要掌握熬糖的温度，还要关注风力的大小、冬季跟夏季熬糖温

度的差别等。吹糖的体验感很强，可以让买者自己参与吹，现场
互动气氛好，吸引力强。吹糖是劳动人民智慧的结晶，具有鲜明
的民俗艺术特色和浓郁的乡土气息。

吹糖艺术列入巴中市第六批非物质文化遗产代表性项目名
录。代表性传承人：赵华林。

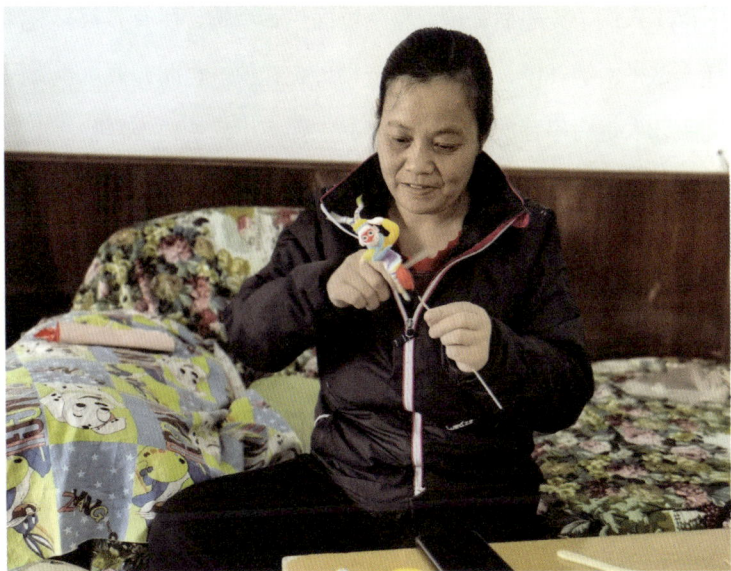

● 面塑

第 8 节

面塑

面塑艺术最早发源于汉朝。早期的面塑作品主要有礼馍、寿桃，慢慢地可以制作小动物、花草之类，后来又制作了小面人，并用蔬菜汁、水果汁调色，让面人有了颜色。早期的面人可以食用。经过两千多年的传承和经营，面塑艺术已成为中国文化和民间艺术的一部分。

20 世纪 80 年代，在巴中广大的农村地区，修建新房，上房梁时张灯结彩，亲朋好友欢聚一堂，主持人站在房梁上，一边说吉利话，一边把礼馍抛向人群。人们争先恐后去抢，整个场面热闹沸腾，所有人都喜气洋洋。这种面塑礼馍，代表的是一种传统礼仪。当时，偶尔也有民间手艺人走街串巷摆摊，面塑产品主要有十二生肖吉祥物、小型佛像、寿星、吉祥娃娃等。

随着社会的发展，民间手艺人的水平也在提升，具备了一些专业美术知识，产品品质得到提升，能够把握好人物结构、外貌特征，以及人物的精气神。巴中面塑还用铁丝或钢丝搭架子，可根据需求做出可大可小的作品；面塑配方得到改良，加入防腐剂、甘油等保护面塑作品的材料，使作品防水、防霉、防裂，不变形、不褪色，便于长时间保存。这样，巴中面塑就由可食用的小面人，变成了供人观赏的艺术品。

巴中面塑传承至今，形成了鲜明的现实艺术特色，真实地反映出人物性格、体貌特征等，造型生动，取舍合理，色彩鲜艳自然，品种繁多，无毒无害，可水洗，具有较高的艺术价值和收藏价值。

面塑列入巴中市第六批非物质文化遗产代表性项目名录。代表性传承人：赵华林。

● 蜀绣代表性传承人冉建华展示才艺

第**9**节

蜀绣

蜀绣的历史传承非常悠久，晋代《华阳国志·蜀志》中就明确记载蜀绣是"蜀中之宝"，充分说明蜀绣作为地方工艺品的珍稀独特。汉末三国时，蜀绣就已经驰名天下，并成为地方主要的财政来源和经济支柱。时至宋代，蜀绣之名已遍及神州，文献称蜀绣技法"穷工极巧"。

最初，蜀绣主要流行于民间，分布在成都平原及其周边区域，大巴山南麓因为其地理位置，民间手艺人既受川中蜀绣影响，又与当地手绣技法交融，

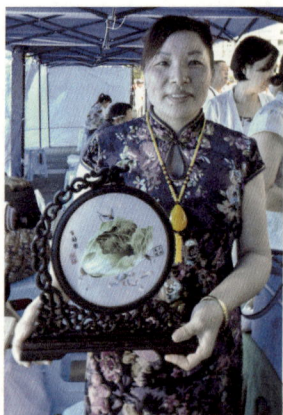

蜀绣作品

经过较长时间的发展，逐渐形成独具巴山特色的蜀绣分支。

蜀绣的针法有闩针、晕针、车凝针、滚针、飞针、扣针、撒针、E针、拨针、梭针、虚针、续针12大类，122种。

通江蜀绣以软缎、彩丝为主要原料，其绣刺技法甚为独特，线法平顺光亮，针脚整齐，施针严谨，掺色柔和，劲气生动，虚实得体。蜀绣常用独特手法表现绣物的质感，体现绣物的光、色、形，把绣物绣得惟妙惟肖，如鲤鱼的灵动、金丝猴的敏捷、人物的秀美、山川的壮丽、花鸟的多姿、熊猫的憨态，如五彩缤纷的衣锦纹满绣、绣画合一的线条绣、精巧细腻的双面绣和晕针、纱针、点针、覆盖针等都是十分独特而精湛的技法。

蜀绣有着悠久的历史和深厚的民间基础，体现了巴文化与外来文化和谐交融的历史进程，它将"五彩缤纷、绣画合一、精巧细腻"的精细工艺应用到身穿头戴图案的表现之中，既保持绘画的神韵，又体现蜀绣工艺的特色，成为具有文化内涵和民族特色的优秀艺术品。

蜀绣列入巴中市第六批非物质文化遗产代表性项目名录。代表性传承人：冉建华。

第10节 叶雕（叶脉画）

人类利用植物叶的历史已非常悠久，以植物叶作为艺术品，有据可查的历史已有千年。叶雕（叶脉画）融合了绘画、微雕、剪纸等多种艺术表现形式。叶脉画最早可追溯到东汉时期，贝叶画、贝叶经、贝叶佛像随佛教流传到中国。唐代画家吴道子亲手白描佛像、神仙叶画，被白马寺等皇家寺院珍藏，这种画法后随唐太子李贤被贬巴州而被带到巴中地区，并流传至今。

叶雕叶脉清晰，颜色古朴，线条流畅，作画细微，薄如蝉翼，经久不变色，不生蛀虫，可保存上千年时间。原料是巴山红青冈、紫荆、菩提、玉兰、梧桐、榕树等树叶，经过腐蚀、干燥、漂洗等传统工艺处理，制作成叶脉，再用传统绘画技法，手工勾线起稿、上色、描金。经过多道工序，方可绘制完成一张叶脉画。传承人吴星明，将民族文化元素和国外抽象绘画、装饰技艺等加入叶脉画，让叶脉画更具时代感。其主要制作过程如下。

一、选材：层层精选优质树叶。在每年立秋期间，精选树林中没有虫眼、没有伤疤、没有老筋、没有麻点，且未变黄的向阳一面的巴山红青冈、紫荆、菩提、玉兰、梧桐、榕树等树叶，作为叶脉画的制作原材料。

二、发酵：经过初步筛选，将叶脉网络均匀的树叶盛入特殊的器皿中进行发酵处理，发酵时严格掌握温度与湿度，并不断根据实际情况进行调节。

三、去肉：发酵完成后，使用专门工具将叶子的绿色叶肉层去除，保留其叶脉经络和筋面的透明薄瓢层，处理过程中力道、手法特别关键，稍有不慎，叶脉或白色薄瓢层将被破坏。

四、平整：通过工具，将叶面进行平整，形成薄革质地。如温度及方法稍有不当，叶面将发焦或损坏，叶脉便告报废。

五、制作：运用传统民间工艺手法，结合工具，将各种不同的主题内容通过绘画、书法等形式直书其上。

叶雕（叶脉画）对研究宗教文化、民间美术等有一定参考价值。叶脉画传承人吴氏兄弟在制作上将传统工艺与现代技艺相融合，作品精致丰富，深受国内外客商的喜爱；同时，他们通过叶雕（叶脉画）制作、销售以及开发系列衍生产品，形成了较大的经济价值。

叶雕（叶脉画）列入巴中市第七批非物质文化遗产代表性项目名录。代表性传承人：吴星明。

早期民间日常生活中的蓑衣、棕垫、麻窝子等都是用棕叶丝和棕绳制作而成。

相传上古时，唐尧本是种田人出身，在他即位时无衣可穿，就剥来棕皮编织成蓑衣穿在身上，接受百姓的祝贺，后来蓑衣就成为圣服而受到山里人的崇拜，人们出入皆披之，一避风雨，二防凶兽。老子所著的《道德经》第五章有言，"天地不仁，以万物为刍狗"。"刍狗"是古代祭祀时用草扎成的狗。说明早在春秋时期，就已经存在用棕草编织动物的基础，《诗·小雅·无羊》有"何蓑何笠"句。唐代张志和有歌咏江南渔家生活场景的名句"青箬笠、绿蓑衣，斜风细雨不须归"。明代开国皇帝朱元璋小时候放牛割草，也穿过蓑衣。

清代嘉庆年间，四川农妇用棕叶编织拖鞋、凉鞋，至1850年逐步形成专门的行业。民国初年，棕编凉帽在四川流行，20世纪30年代至40年代，

第 **11** 节

棕编

棕编作品

棕编业发达。目前，巴中棕编技艺主要流传在恩阳区和南江县。

恩阳棕编主要采用老棕叶和棕叶芯为原料，以棕丝白嫩柔软、精美适用、色彩明快、能负重、不吸潮为上。首先将采来的棕叶按纹路折叠，扎紧后放入开水锅里煮，煮至由青转黄成熟为止，然后日晒夜露，完全干透、变白，如此制作的成品不易变形，可存放十余年。然后采用撕、拉、穿、插、划、扣、系的方法，单编、宽编、多编、反扣编、缝合等手法，制成各种动物和昆虫作品。

南江棕编主要以棕榈叶为原材料，以钳、剪、锥、刀、针为基本制作工具，利用撕、拉、缠、绕、穿、折、编、镶、贴、收边十法，其中"编"细分为单编、双编、多编、宽编、反扣编、挑压编，根据成品对象而选择不同的编织手法。用铅丝作为内撑塑型支架，经过反复设计、反复编织，以永不言败的信心，以耐得住寂寞的心态，以稳坐泰山的意志，做出兼具美观与实用性的作品，编织出奇妙的动物世界和昆虫王国，将普通的棕榈叶幻化成精致的工艺品。

巴中棕编传承至今，具有浓郁的乡土气息及较高的民俗文化、民间艺术研究价值。早期，民间日常生活中的蓑衣、棕垫、麻窝子等都是用棕和棕绳制作而成，随着时代的变迁，这些日用品已渐渐退出历史舞台。部分手艺人因对棕编制品的热爱，不断尝试创新，利用棕编动物等文创新品，在传统棕编技艺的基础上融入现代美术元素，能真实地刻画出各种动物的体态和神韵，作品线条流利明快、造型栩栩如生、品种丰富多样，令人叹为观止。

棕编列入巴中市第七批非物质文化遗产代表性项目名录。代表性传承人：杨林、何家敏。

第三章

传统体育

● 张氏内家拳

张氏内家拳

　　传统武术是中华文化的瑰宝。经历几千年的演变和发展，传统武术已成为国人钟爱的体育项目。它具有强身健体、防身自卫、锻炼意志、陶冶情操的功能。民族精神、民族自豪感在传统武术的习练中得到潜移默化的传承。

　　巴中张氏内家拳是中国传统武术中的一部分，最早可追溯到明朝中后期。从清朝乾隆年间巴州渔溪武秀才张三鹏碑文记载开始，至今近300年。清朝初期，张氏内家拳第六代传人张文的远祖张三鹏传承家学，武艺高强，考中

● 代表性传承人张文的绝技"盘坐一指禅"

武秀才，据其墓志铭记载：幼习弓马，素习百步穿杨之技。此拳在张三鹏手中定型，故以姓氏和拳术特征立派，称为"张氏内家拳"。

现任传人张文童年体弱多病，从小跟随祖父母练习内功功法，并跟随渔溪武术老师吴开太练习民间传统武术，后又拜武当松溪名师游民生为师，学习松溪内家拳。其妻刘艳也是武术爱好者，跟随祖父学习内功心法和气功经络推拿法。在张文夫妻的共同努力下，张氏内家拳现已形成完整的体系，并得到很好的传承。经过四十载的勤学苦练，张文现已练成武林绝技"盘坐一指禅"和"盘坐二指禅"。

张氏内家拳主要由内功功法、拳术套路、器械套路三部分组成。

内功功法：张氏内壮功、张氏通天贯地功、内壮排打功、张氏童子功、一指禅内功修炼、盘坐一指禅内外修炼、坛子功、内气点穴法等。

拳术套路：张氏八打、张氏混元太极拳、八卦九宫桩、黑虎拳、点穴制敌术。

器械套路：板凳、飞龙剑、拐杖、齐眉棍等。

内功功法有外练功法、内练功法、内外双修功法等。

主要呼吸：腹式呼吸、口吸鼻呼、吸闭呼。

要诀：静、松、意。

主要运气：吸气、闭气、呼气、吞气、喷气。

拳术共五套，可单练又可对练，还可用于实战。

主要手型：拳、掌、指、肘、鹤嘴手、虎爪等。

主要步型：弓步、马步、仆步、虚步、边步、半马步、丁字步、丁八步、圈步等。

● 送武术进校园

器械共四套，可单练，又可对练，还可用于实战。

剑：主要剑法包括刺、挑、劈、挂、斩、撩、拨、截、绞、点、崩、拦、架等；主要步型有弓步、马步、虚步、边步、半马步、丁字步、丁八步等。

板凳：砸、挑、扫、拦、架、压、撩、绞、滚等；主要步型有弓步、马步、跪步、边步等。

拐、棍：扫、劈、戳、点、撩、捧、撇、封、勾等；主要步型有弓步、马步、虚步、跪步、丁八步、边步等。

张氏内家拳列入四川省第六批非物质文化遗产代表性项目名录。代表性传承人：张文、刘艳。

第四章

传统舞蹈

● 高台铰子

第1节

翻山铰子

翻山铰子是一种极具巴人文化特色和地域特点的汉族民间舞蹈，是巴人文化的瑰宝，起源于四川省东北部大巴山南麓，平昌县境内的龙岗乡。

"铰子"是当地巫师（俗称"端公"）跳神驱鬼时使用的法器。古时候，每当逢灾遇病时，当地人就请巫师击打铰子，用各种有趣优美的动作来愉悦"鬼神"，使之不再为害世人。明末清初，翻山铰子舞在当地十分盛行，但仍主要与巫术相关。传说当地白莲教起义领袖鲜大川就曾利用其来团结民众，祈求神灵保佑白莲教多打胜仗。直到清

● 翻山铰子舞农家

● 高台铰子

朝末年，西兴最有名的铰子艺人——苏永太、李明亮师兄弟对铰子舞进行长时间的大胆改造后，铰子舞才逐渐在婚嫁、寿诞等各种喜事上广泛使用，用来烘托喜庆热闹气氛，变娱鬼为娱人。

这时的铰子舞完全脱离了它原来的功能，不再仅仅用在丧事之中，《翻山铰子》由此形成了"跳喜不跳丧"的传统习俗。民国时期是翻山铰子的成熟期和黄金期。新中国成立后，翻山铰子一度被作为"四旧"加以禁止。直到20世纪80年代，《翻山铰子》在相关部门搜集整理民间舞蹈过程中被搜集整理，并收入《四川省民间舞蹈》（集成卷）。通过恢复发展，铰子舞曾盛极一时，当时在平昌县广大农村流行着一句话："离了和尚不念经，离了铰子不娶亲。"1991 年，平昌县龙岗乡被命名为四川省"翻山铰子舞之乡"。

铰子既是乐器，也是道具；"翻山"指舞动道具的方式，舞蹈表演击铰时，要挥动铰绳，或甩过头顶，或绕过腰腿，翻来覆去地击打，故而得名。翻山铰子是汉族舞蹈中独特的舞蹈表演形式，它反映了巴人生活和文化习俗，是巴人文化的代表。对翻山铰子的抢救和保护，不仅能丰富汉族民间舞蹈，也能为研究巴人文化保留下一块极其生动的活化石。

翻山铰子主要分四个流派。

郭派：吸取民间巫师（端公）祭祀动作和民间杂耍的表演手段，头戴面具，动作滑稽，诙谐风趣。

谭派：动作刚毅有力、粗犷豪放，套路变化清晰、舒展大方。

吴派：动作优美、抒情、豪放，长短铰绳子套路变化自然。

岳派：动作优美、婀娜多姿、动静结合，不拘于传统表演形式。

翻山铰子根据表演场景，分高台铰子和平地铰子。高台铰子是在桌凳上上下翻转表演，糅合了许多民间杂耍，难度很高。翻山铰子最初没有音乐伴奏，是以自身的击打声作为舞蹈的节奏音乐，后来才从单一的击铰变成与唢呐、锣鼓组成的合奏。它的伴奏音乐以当地唢呐曲牌为主，民间流传的分短曲和长曲两大类，伴奏音乐根据表演时间长短，可任意反复。发展至今，已经形成了"雪花盖顶""黄龙缠腰""二龙抢宝""扑地金莲""跑马射箭""苏秦背剑"等 40 余种固定动作，动作舒展灵活，刚健粗犷，节奏欢快，红火热闹。现今翻山铰子表演艺人逐渐增加，活跃在田间地头、节庆活动中，丰富了广大群众的文娱生活。

近年来，经过挖掘整理，平昌县重新编排了舞台版和广场舞版两个版本的表演形式，运用固定的基本动作，加上传统与现代结合的音乐，演员的道具（铰子）也由原来的一副逐渐演变成为现在的四副，让翻山铰子更具时代感和观赏性。截至目前，翻山铰子先后获得国家、省、市级各类大奖 50 余项。

翻山铰子由国务院公布为第二批国家级非物质文化遗产代表性项目，吴华德为国家级代表性传承人，郭登俊、骆金华为省级代表性传承人，还有数十位市、县级代表性传承人。

第2节

龙舞（尹家飞龙）

尹家飞龙是指流传在恩阳区尹家乡的一种集传统手工技艺、传统美术、传统音乐、传统舞蹈于一体的传统艺术形式，其表现形式以传统舞蹈为主，表演时彩龙围绕表演者上下翻飞，好像彩龙在地面翻滚一般，气势犹如猛龙过江，翻江倒海，故当地人俗称"尹家滚龙"。尹家飞龙自南部县传到尹家乡后，距今已有200多年的历史。

尹家飞龙从龙头到龙尾，共七尺长、五节。龙头、龙尾各一节，龙身三节。参与表演的共七人，其中表演三人，表演时一人单手或双手舞龙头，其余两人双手各舞一节。尹家飞龙的基本动作共八个，分别是滚龙抱柱、黄龙穿裆、黄龙缠腰、二节跳把、三节跳把、鲤鱼跳龙门、猛龙翻身、观音坐莲，表演中模仿龙旋舞飞腾、戏水嬉耍、沉思奋醒、柔静盘曲、勇猛奋进等动作。表演时动作组合的变化全由龙头指挥，舞龙头的人以踏脚为号，引导其余两名舞龙人，因不同的表演场地选取不同的伴奏节奏、动作组合等，使得尹家飞龙的表演千变万化。舞龙人着装打扮，一般都是头扎彩布，身着绸缎彩衣服饰，脚穿薄底武生快靴。衣服的颜色有红色、黑色、蓝色等。由于小巧灵活，表演时对场地要求不高，或乡场街道，或社区小巷，或农家院坝，甚至还可以在由三条长凳组成的 T 字形板凳上表演。参与龙舞伴奏的共四人，伴奏乐器分别是川剧锣鼓中的堂鼓、大锣、大钹、小锣（兼铰子），由小鼓指挥，常用锣鼓曲牌有〔懒翻身〕〔快和牌〕〔课课子〕〔破五捶〕〔双声子〕〔落地金钱〕等 20 余支。演出时高亢激昂，欢腾跳跃，鼓点催人奋发，催人向上。尹家飞龙的表演一般在正月初一到十五，随彩龙、彩狮、旱船、地台子、车车灯等一起演出。

尹家飞龙列入四川省第六批非物质文化遗产代表性项目名录。尹家飞龙的传承方式是师徒传承，尹家飞龙的传承共分为两部分：其一是飞龙制作代表性传承人谱系：汪绍成→汪国全→杨清寿→杨东发。其二是飞龙表演代表性传承人谱系：汪绍成→汪国全→杨清寿、陈丕容、郝仕义→严小川、陈振科、杨东发→严小兵。

第3节

板凳龙舞

　　板凳龙舞是流传于平昌县得胜镇及周边地区的一种汉族民间舞蹈。始于清朝年间，最早是人们在劳动之后、闲暇之余、丰收之时玩弄板凳取乐。板凳龙舞与民俗活动紧密相连，有套路丰富、动律谐趣的特点，伴奏音乐独特，道具构思巧妙，造型夸张，服饰俭朴大方，舞者参舞自由，退舞方便，有群众参与性。

　　板凳龙舞内容丰富多彩，制作上大同小异。有用长板凳制作的，有用短板凳制作的，还有用木板制作的，始终离不开板凳的形状。在板凳上制作的长凳龙约四尺长，短凳龙约两尺长，基本都是用竹篾片、稻草、青草、彩纸等将制作的龙置于板凳上，再画上龙的图案精制而成。木板龙按龙的形状锯成，再画上龙鳞。舞龙的形式随参与人数的不同而各异。一般舞一条板凳龙需要四人，一人舞龙，其余三人各执板凳的一只脚，前两人，后一人。后一人在前两人的板凳龙脚下左右翻滚，时而表现长途跋涉，时而表现腾云驾雾，表演动作惊险离奇。也可以一人玩、二人玩、集体广场大规模表演，有时数十条板凳龙随空而舞，有统一性也有灵活性，主要动作变化有翻、腾、滚、跳、跃、跑等，并配奏激昂欢快的锣鼓、音乐。

板凳龙舞列入平昌县非物质文化遗产代表性项目名录。代表性传承人：冯乐平。

第五章

传统戏剧

第1节

巴渠河川剧

　　川剧的起源可以追溯到先秦乃至更早的时期。三国时期，更是出现了四川第一部讽刺喜剧《忿争》，可谓川剧喜剧的鼻祖。唐至五代时期，流行杂剧，是四川戏剧的鼎盛之期，出现了"蜀技冠天下"的局面。宋元时期，四川流行南戏、川杂剧。明末清初，以四川灯戏为基础，融合了高腔、昆腔、胡琴、弹腔等声腔，并与四川方言土语、民风民俗、民间音乐舞蹈融合，逐渐形成具有四川特色的声腔艺术，川剧正式形成。

　　巴渠河川剧艺术是一种典型的戏剧表演形式——川梆子和巴中灯戏。

● 巴渠河川剧《新官上任》

其表演艺术在巴中出现较早。巴渠河川剧传承从清道光二十年（1840）巴州城西外街孙永兴创立的川剧班会永兴社起，代代相传，民国二十五年（1936）的畅叙科社享誉川北。新中国成立后，巴中县成立川剧团，使巴中川剧得以发展。

川北连陕南，巴渠河川剧在艺术上吸收并消化秦腔艺术，渐渐自成一体，独具河道特色，其弹戏唱腔更加接近秦腔（梆子腔、乱弹腔）。因此，巴渠河川剧艺术上不同于其他川剧的是：

使用巴、渠的地方语言，唱弹戏带"陕味儿"。巴中人演的本地川剧《牡丹灯》《四下河南》《过巴州》《太子贬巴州》等都带有地方方言，尤其是弹戏和灯戏的演唱自成一体。

巴渠河川剧弹戏属板腔体，分板式和旋律两部分，每个部分均由"苦皮"和"甜皮"两种声腔体系组成。唱句结构以七字句、十字句为基本句式，句子多为对偶，如"一字""二流""夺子""三板"等，有甜平（皮）和苦平（皮）之分，与秦腔欢音、苦音的唱腔大致相同。

巴渠河川剧以弹戏、灯戏居多，昆腔等剧次之。如弹戏之"四大本"——《春秋配》（李春华与姜秋莲的故事）、《梅绛亵》（又名《金菊亭》，讲述蔺孝先与苍色狐的故事）、《花田错》《芙奴传》（又名《苦节传》，讲述陶芙奴与席贤春、贾瞎子的故事），以及《黄鹤楼》《芦花荡》《禹门关》《虎牢关》《盘河桥》《水淹下邳》等三国戏，还有《杀狗》《打雁》《斩经堂》《烧绵山》等；"楼"（《绛霄楼》《狮子楼》等）、"配"（《荷珠配》《鳌珠配》等）、"剑"（《盘龙剑》《花仙剑》等）、"记"（《红梅记》《彩楼记》等）、"双"（《双青天》《双龙宴》等）各类戏，约数百出。

巴渠河川剧艺术的继承和发展，从清代一直延续至今，拥有近200年的漫长历史时期。沧海桑田，一代又一代川剧艺人不离不弃，历尽艰辛，不断传承，不断发展。巴渠河川剧艺术发展到现在，不仅是历史文化艺术厚重的积淀，更是一笔值得后人倍加珍惜、永远传承的宝贵遗产。

巴渠河川剧（巴中）列入四川省第六批非物质文化遗产代表性项目名录。代表性传承人：陈功、杨娜、文斌、杨美。

第2节

巴中皮影戏

　　巴中皮影戏是指流传于四川东北部巴中市巴州区的由"皮影雕刻"和"皮影戏表演"构成的民间综合艺术形式。皮影戏的演出是由真人在屏幕（白布挡子，又叫"影窗"或"亮子"）上操纵皮雕人物，利用灯光照射，形成影像，配合乐器、道白、唱腔表演戏剧情节。"走影子"和"皮影变脸"为其独特艺术。巴中称"皮鞑鞑戏""皮影儿戏""灯影儿"。剧目不受限制，以神话故事戏为主。

　　巴中皮影戏源于北宋初期，明清

时更为兴盛，民国四年（1915）至1979年遍布巴中城乡，不少人以影唱为业。曾口店子河肖家湾肖德秋祖父碑文序中有"戏艺为生""影唱为业"之记载，说明肖氏家庭六代人均以皮影为业。巴中皮影戏，是用精制到透明程度的牛皮雕刻成各种不同性格人物的脸谱侧像、服饰穿戴、桌椅、楼台亭阁等道具，经彩绘后连缀而成。人物侧像全身长一尺多，共分13个衔接处，帽与头、头与身均能分合，胸部与腰部连接着可以活动的四肢，胸部和双手均有供插操纵棍的支撑孔。演出前根据需要安装有关部位及道具，即成为戏剧人物形象。巴中皮影戏的舞台设置简单。事先搭好用竹竿架起的台棚，置一幅长约 6 市尺、宽约 3.5 市尺的白色细麻布制作的屏幕，幕后放一盏大桐油灯（后为煤气灯、电灯），皮影艺人（俗称"走影子"）手持操纵棍，按剧情在屏幕后舞弄皮影，利用灯光将皮影的像影透视在屏幕上，同时配以川剧坐唱，故皮影戏又称"灯影戏"。由于皮影戏班队伍精干，道具简单，不择场地，适应走村串户，深受群众欢迎。

历史悠久的巴中皮影戏，是川东北劳动人民勤劳智慧的结晶，富有浓郁的生活气息和乡土味。它能传承至今，说明它是川东北人民精神文化的集中体现。它是人文历史活的见证，富有深厚的历史价值、艺术价值和民俗价值。

巴中皮影戏列入四川省第一批非物质文化遗产代表性项目名录。代表性传承人：肖德秋、李玉湘、杨益、张美信、张纯林、肖剑锋、刘仕聪、杨琼华、肖明。

第3节

川北灯戏

灯戏是四川的川、高、胡、弹、灯五大剧种之一。川北灯戏是流行于四川省东北部地区的古老的歌舞小戏。巴中恩阳川北灯戏，发源于阆中市峰占乡，传承于渔溪青木镇，成型于明朝，成熟于清朝，恢复于20世纪60年代，传承至今。所谓灯戏，意味着演出必须有灯，竹枝词《看灯戏》云："一堂歌舞一堂灯，灯有戏文戏有灯。庭前庭后灯弦调，满座捧腹妙趣生。"就是对川北灯戏的生动描述。

巴中恩阳川北灯戏在演出形式上分为"天灯""地灯"两大类。

"天灯"是指在民房院坝、广场演出时，场地中央竖一高杆，杆上吊一盏红灯，灯戏班称其为"主灯"或"天灯"，演出内容以人物故事情节的大幕戏为主，又分为"正灯"和"浪浪灯"。"正灯"以演正戏和苦戏为主，"浪浪灯"则演笑戏和闹戏，是以歌唱为主的曲牌戏。

"地灯"是在居民的堂屋、阶沿、庭院等室内空地演出，演出时在场地中央地上点亮一盏红灯，演出以带有短小故事情节的歌舞表演为主。

巴中恩阳川北灯戏的音乐及唱段以民间小调为主。其音乐则源于川北民间小调、神歌、嫁歌、圣谕谣等，曲调朴实、明快，优美动听。其唱腔结构分曲牌和板腔两类，唱腔又分正调、花调两类。细分有数板、胖筒筒、山蚕花、望山猴、联八句、十字韵、端公调等唱腔。

川北灯戏产生于民间，反映的是民间的人生理念和审美情趣，因而为山乡民众所喜闻乐见，并获名"农民戏""喜乐神""鼓乐神"。巴中恩阳川北灯戏的内容十分丰富，取材于民间传说和劳动人民的生活。喜剧多，悲剧少，就是正戏、苦戏，也带着浓重的喜剧色彩。表演艺术贴近生活，无固定套式，综合巴渝舞、杂耍、猴戏、木偶、皮影、跳端公等形式。目前，恩阳灯戏团保留传统灯戏剧目 150 余个，如《打亲家》《赶花轿》《竹篮记》《蠢拜寿》《玉霞剑》《李龙打店》《李达打更》等，新创现代灯

戏剧目 30 余个，如《倡廉反腐》《赌二哥》《婚姻法》《脱贫致富谢党恩》等。

传统演唱的方式为坐唱，即摆上一张或两张八仙桌，挂上两盏大红灯笼，演唱者面对观众正坐，主唱者居中（多数为男艺人），鼓乐师坐在主唱者的左右两边。乐器有堂鼓、大锣、小锣、镲子、钹、大板、边鼓、马锣、二胡、唢呐等。如今，坐唱的方式逐渐为站唱所取代。演员开唱时，首先击鼓乐一响，"咚旦"，别具韵味。

川北灯戏不论是创作还是表演上，都强调"树社会新风，育社会新人"的宣传理念，也是人们对戏剧沟通功能的高度认可。川北灯戏成为巴中文化旅游开发领域新的经济增长点。

川北灯戏列入巴中市恩阳区非物质文化遗产代表性项目名录。代表性传承人谱系：徐廷兴 →陈正坤 →谢克强 →陈仕富 →陈琪琳 →李林。

第 **4** 节

傩坛戏

巴渝地区米仓山南麓的巴中市南江县，是古巴人集中居住的地区。这里流传着一种叫作"傩坛戏"的传统戏剧。

古代巴人一直生活在大山大川之间，大自然的熏陶、险恶的环境，练就了他们顽强、坚韧、积极和乐观的性格。因此，巴人以勇猛、善战、善歌舞著称。巴人的军队参加周武王讨伐商（殷）纣王的战争，总是一边唱着进军的歌谣，一边跳着冲锋的舞蹈，勇往直

前。古代典籍记之，"武王伐纣，前歌后舞"。巴人善歌舞的性格
传承至今。"湖广填四川"后，巴人文化与外来文化融合，傩坛
戏结合傩戏、川东北灯戏、民间小调的说唱艺术，形成了现在流
传在川东北地区的傩坛戏。

　　傩坛戏内容丰富，形式多样，有"文坛"和"武坛"之分。

　　"文坛"多为有故事情节的戏，唱本多表现当地民风民俗，
且大多来源于当地的传说及故事，内容包括乡土地理、历史常
识、伦理道德、生产知识等。演出主要以生动活泼的形式，教育

人们尊老爱幼、积德行善、勤劳耕织、尚文进取等，共分为十一折。具体曲目如《目连寻母》《安安送米》《包公审城隍》《三仙赶会》《十月怀胎》等。

"武坛"要求演员具有较高的武术功底，单人赤脚，踩在刀桥上演唱。

傩坛戏的人物化装简单，旦角为红脸蛋，丑角为花脸。表演服装多为日常生活装，旦角头戴丝帕，着土花布衫，丑角头戴瓜皮帽，着蓝布长衫，脚穿圆口布鞋。其表演形式有单人演唱、二人对唱（一旦一丑，角色反串，有说有唱，通俗、诙谐）、一领众和。

说白与唱腔二者交替进行。说白用四川方言土语，唱腔曲调有傩戏调、川东北的灯戏调，也有民间小调，反复吟唱。唱词的语言结构比较灵活，句式不拘一格，口语成分较重。表演

者极尽诙谐之能事，常常引起观众哄笑，台上台下互动。

伴奏乐器有唢呐、锣、钹、马锣、堂鼓、小鼓和二胡。演出场地多为农家堂屋，在正中铺一张竹席表演，故民间又称"傩坛戏"为"席子戏"。人称"川东北二人转"。

傩坛戏因其说白唱腔口语化，表演诙谐幽默，贴近生活，深受川东北一带人们喜爱。挖掘、整理、研究、传承傩坛戏，对于川东北一带的民间戏曲、民间音乐发展史研究，有着极其重要的价值。

傩坛戏列入四川省第五批非物质文化遗产代表性项目名录。代表性传承人：李天国、李培勇。

傩戏，又称端公戏，是在民间祭祀仪式的基础上吸纳民间戏曲而形成的一种戏曲种类。傩戏是历史、民俗、民间宗教和原始戏剧的综合体，被称为"戏曲的活化石"。

傩戏源自古代祭祀仪式，是传统文化的重要组成部分，至今保持着古朴、粗犷、原始的风格。现巴州区龙背乡清溪傩戏班诞生于民国初年，历经四代传承至今。

艺术特色

1. 曲调优美。傩戏曲调主要源自民间歌曲、民间歌舞、宗教音乐、说唱艺术和戏曲音乐。

2. 道具古朴。常用的乐器有小锣、中锣、钹、小镲、鼓、师刀、牛角、唢呐等。道具有雕刻面具、丝刀、令牌、师棍、黄褂、红裤、麻鞋、包袱、擀面杖、洗锅刷等。值得一提的是面具，又称脸壳子，是傩戏的灵魂，无论是傩

第5节

傩戏

祭活动还是傩戏演出，面具都是最引人注目且不可或缺的道具。道具多以柏杨木和酸枣木等为原料制作，制作技艺十分考究，雕刻分粗雕和细雕两道工序，刀法上有凿、镂、剔、刓、划、挑、戳、刻、铲、钻、拓、削等。

3. 唱腔灵活。唱腔分高腔、平腔、哀腔、山歌腔等。主要由

正腔和小调两大类组成：正腔类唱腔粗犷朴实，语言通俗易懂；小调类欢快流畅，民歌风味浓郁，接近现实生活。

4. 表演独特。傩戏表演兼具川剧、灯戏、巴渝舞等艺术特点，具有夸张、粗犷、朴实的风格。

傩戏的表演大多戴面具。傩戏的面具来源可以追溯至远古先民的文面，是文面的再度夸张，既增加了神秘感和对疫鬼的威慑力，又增添了娱乐性。随着社会的发展，傩戏在原始驱鬼除疫的基础上，逐步向娱乐化、戏曲化方向演变。

特技表演惊险刺激。如捞油锅、捧炽石、滚榨刺、赤脚过火海、赤脚踩刀梯、吞火吐火、衔耙齿、齿咬铧口等。傩戏列入巴中市巴州区非物质文化遗产代表性项目名录。

川剧玩友

恩阳的川剧活动源远流长。因此，恩阳号称"川北戏窝子"。早在元明时期，恩阳镇就有皮影和端公戏、爨坛戏流行。清光绪年间，该镇麻石垭有一陈姓人家，乃书香门第，家有三个儿子，长子陈登文和次子陈登典均是拔贡生，唯独三子陈登翰，虽苦读"四书五经"，颇有才学，但他不爱仕途，偏好川戏。他在学业有成之时，不听兄长劝阻，不顾家人反对，执意去拜通江县的川戏艺人熊某为师。他跟随戏班数年，苦练川剧"生旦净末丑"表演和鼓板锣钵琴演奏。学成之后，他回到恩阳，耗尽家资招募人才，购置戏装行头，组建了一个川戏班子，时常在恩阳及周边乡镇演出，深受乡民欢迎。陈登翰川戏班子的演出成功，激发了恩阳川剧玩友创建班社的热情。在皂角树街、伞布街和新场街，川剧玩友王冠之、陈兆颜、郭润之三人分别领头组建了文林园、同心园、仁义园三个川剧玩友班社，常年开展川剧坐唱。

在恩阳，川剧活动场所星罗棋布，川剧演唱班社遍及全镇。镇上的财神庙、王爷庙、张爷庙、文昌阁、三圣宫、万寿宫与恩阳河南北两座禹王宫内，都建有垂脊翘檐、斗拱架梁、藻井罩顶、彩绘浮雕的八处古戏楼，给川剧和其他舞台艺术的表演提供了充足的场地。除过往古镇的外地戏班常来登台献艺之外，每逢过年过节，各种庙会和镇上各行业帮会庆典，都要邀请一些川戏班来唱大戏。从清代到民国，每逢镇上大的庆典演出，各地乡民不分远近，都要前去赶会看戏，台上锣鼓喧天，台下人山人海，热闹非凡。恩阳镇的川剧活动也辐射到了周边乡镇。与之毗邻的明扬、兴隆、司城、石城等乡的川剧爱好者纷纷挂出了川剧玩友班社招牌。

1980年，恩阳镇上的川剧爱好者、改行去企事业的川剧团演员和一些流散艺人又组建起自负盈亏的恩阳川剧团，常年在镇内外各地演出，深受民众欢迎。后来，年轻的川剧爱好者刘志平等挑起了振兴川剧的重担。他们顺应时代，走向市场，时而举行川剧坐唱，时而化装登台演出，为恩阳川剧事业的繁荣和发展作了不懈努力，让川剧之花在恩阳常开不败。

川剧玩友列入巴中市第二批非物质文化遗产代表性项目名录。代表性传承人：刘志平、郭孟修。

第7节

板凳戏

　　板凳戏也叫灯戏，又叫"唱灯"，老百姓俗称"板凳戏"。是源于川北的地方小剧种，由川北灯戏简化而来，由人们自编自演，内容丰富多彩，以川北方言夹杂一些粗口，用通俗的方式来反映过去、现实生活中的喜怒哀乐。

　　所谓的板凳戏是由演唱者坐在板

凳上，围着"果酒席"，在锣鼓、唢呐、二胡和笛子等乐器的伴奏下，演唱各种角色。夜幕降临，在办喜事的东家堂屋中央摆上一字形的四张八仙桌，十条双人板凳围桌而放，桌上摆满各种水果、糕点、糖果和烟酒茶水等，因而称为"果酒席"。被邀请的演唱者按扮演角色入座，演"财神""赐福""魁星"三者就座于堂屋的里端——上八位，演生、旦、净、丑者分布于果酒席的两侧。唢呐、锣鼓、二胡和笛子等乐师分坐于堂屋外端——下八位。一切准备就绪后，板凳戏就在礼炮和唢呐声中拉开了帷幕。

板凳戏的唱腔采用灯调，其乐器伴奏的方式是以"吹吹腔"配之，开头和结尾都要配以热烈欢快的唢呐锣鼓、二胡笛子等乐曲三巡，其间是演唱者唱一句配之以锣鼓、二胡笛子半巡，唱一段配之以锣鼓唢呐、二胡笛子等乐曲一巡。如果是办丧事时演唱（也叫"护灵"或"闹丧"），所配的唢呐锣鼓、二胡笛子等乐曲则哀婉低沉，如泣如诉，唱词也充满凄美悲凉之情。在老父老母的葬礼上可演唱"十哀"和"十报"等，闹丧时不能演唱"财神""赐福""魁星"。

几百年来，板凳戏各角色的唱腔、曲调和配乐都相对稳定，没有大的变化。但各角色的唱词除了传统唱词，大部分都要靠演唱者因时因地，据人据事，现编现唱，要抒发出现场的"此时此景"，让主办的东家和来捧场的观众在感情上引起共鸣，以起到娱乐和教育的作用。

板凳戏列入巴中市第五批非物质文化遗产代表性项目名录。代表性传承人：陈琪琳。

第六章

传统医药

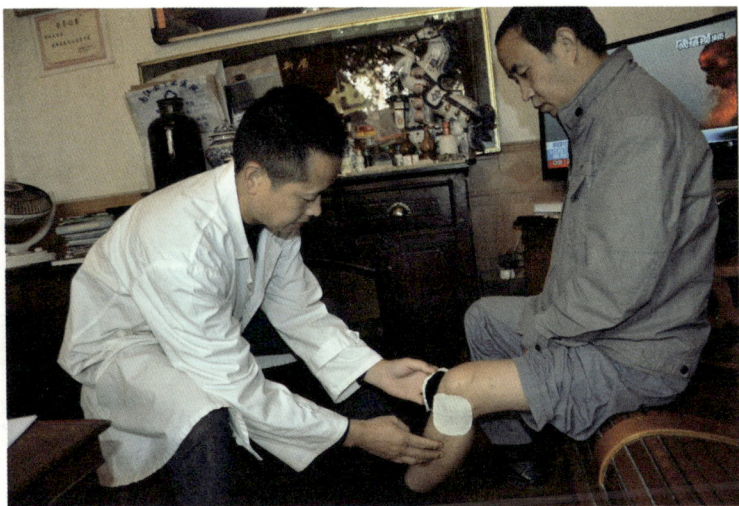

第 1 节　张氏师古正骨术

　　张氏师古正骨术是流传于四川东北部米仓山腹地南江县境内的一种传统医术。南江县境内崇山峻岭，沟壑纵横，山路崎岖，交通闭塞，行走及劳作多有不便。就是在这样的环境中，骨伤患者屡屡出现。

　　张氏师古正骨术是张永龙先祖张庭柱得到唐朝会昌之地的蔺道人之仙方，后传至张玉喜（号师古），他以医德高尚、医术精湛饮誉遐迩，特别擅长中医骨科，是南江县卫协会（县中医院前身）创始人之一，结合祖传秘方，

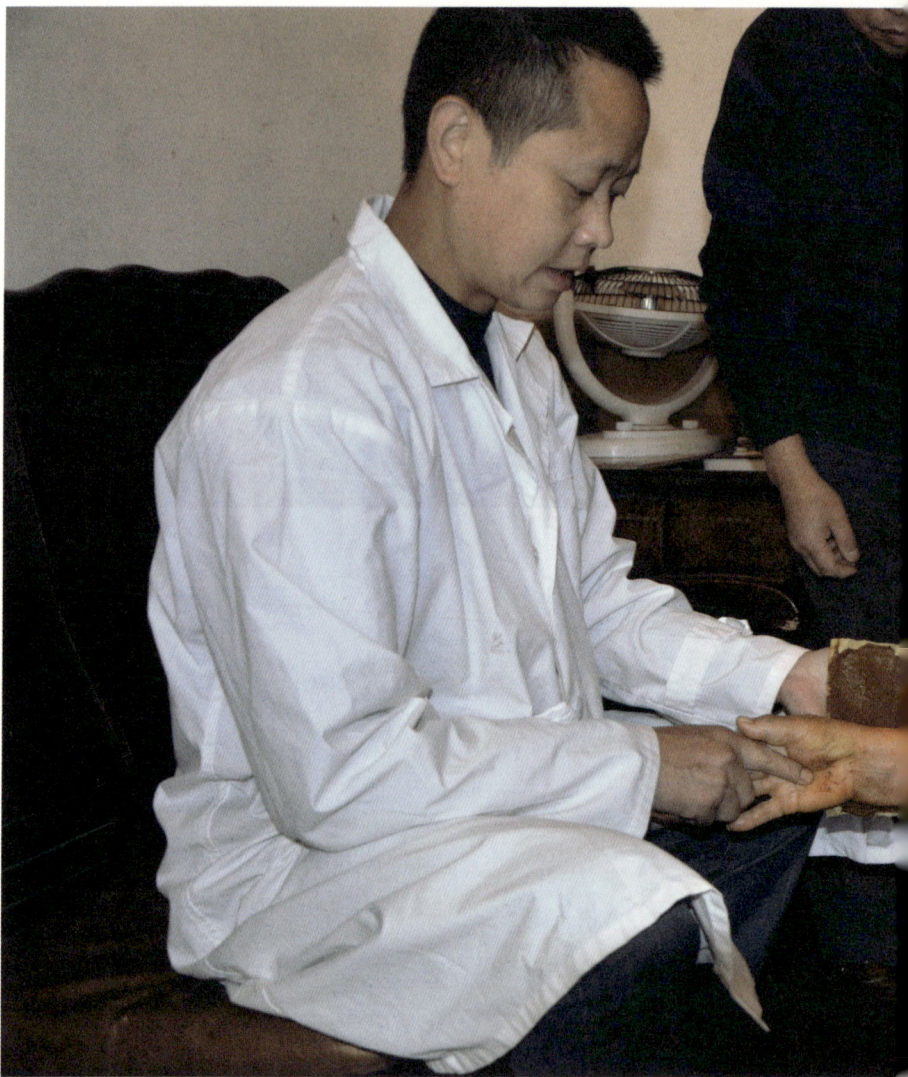

采大巴山之中药材，配制成药酒、丹药和膏药，针对各种骨伤病情，正骨手法和药物配合治疗，从而形成了这一独特的中医正骨之术。红军入川时，曾为红四方面军的指战员疗伤治病，使用过的药箱、手杖等物被收存在中国人民革命军事博物馆。

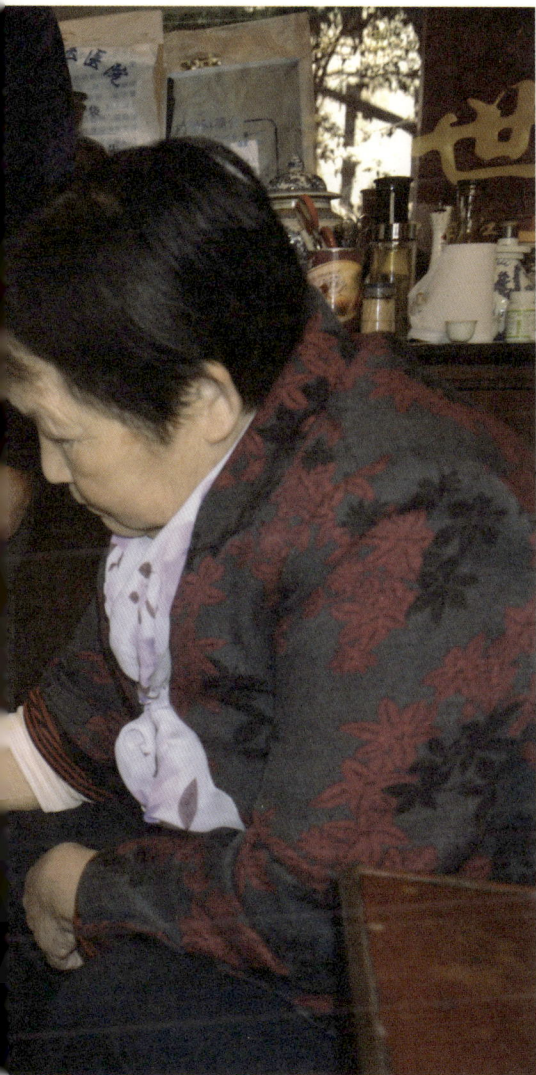

张氏师古正骨术所用药物为膏药、丹药和药酒，已在原国家工商行政管理总局申请注册商标"师古"。

膏药分专治扭伤、专治腰椎间盘突出及股骨头坏死、专治创伤性神经损伤三种。俗话说，一张膏药全在于你如何熬炼。熬制膏药很讲究火候，一服膏药的熬制往往需要花两小时左右。熬成之后，分别涂于一小块纱布上存放，使用时将膏药烘烤后贴于患处。丹药也分三种：接骨续筋丹，专治一般性扭伤，往往单用；正骨金丹和再生丹，多配合恢复神经的膏药使用。药酒为五蛇疗伤药酒，取山中五种蛇，用小酢酒泡制而成，多配合丹药、膏药使用，起到接骨续筋、活血化瘀、清热解毒之功效。

张氏师古正骨术对陈旧性伤筋动骨及骨伤引发的各种病变或因此而引发的各种炎症、神经性损伤、长时间不结痂、不能行走、肢体肌肉萎缩、恶性囊肿等，都能使其复位，并消炎、镇痛、活血、解毒、化瘀，让骨痂新生、神经复活、肌肉细胞再生，特别是对创伤性神经损伤有显著疗效。同时疗法独特：不打针、不吃药、不输液，丹药、膏药、药酒三者配合，外治内应，无副作用。以"简、便、验、廉"而闻名于世，深受病患及其家属的信任和赞誉。

张氏师古正骨术列入巴中市第四批非物质文化遗产代表性项目名录，代表性传承人：张永龙、张万国。

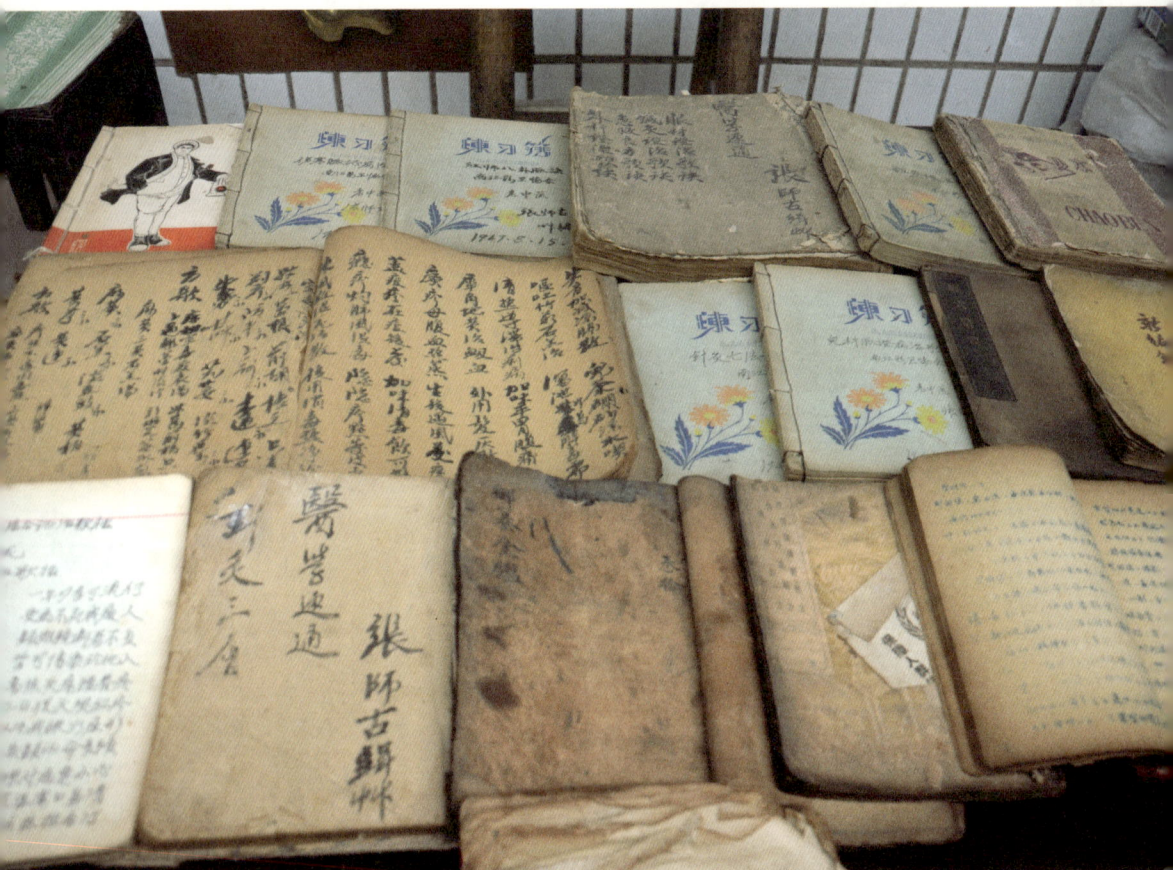

外用膏剂在中国应用甚早。在《黄帝内经·灵枢·痈疽》中已有"疏砭之，涂以豕膏"的记载。汉代名医华佗在施用外科手术后，习惯敷以"神膏"，促进伤口愈合。

李家祖坟碑文及李家高祖父李世财、曾祖李元明保留传承至今的清代医学书籍《新刻外科正宗卷》《寿世保元全集》《外科正宗卷》《御纂医宗金鉴》《新方外科》《百数脉诀》等记载，李氏家族一直从事传统医药行业，历代在民间行医，李氏百草膏炼制起源于清代，后来由李中美整理传承百草膏配方及炼制技巧，历代单传至今，距今已有100多年历史。

李氏百草膏按照祖传炼制技艺、传统加工过程和制法进行炼制。选用相宜的基质与药物，以植物油为赋形剂、以中草药为原料、以黄丹为介质进行膏药炼制，将中草药的有效成分掺入赋形剂内而成。李氏百草膏主要使用了鸳

第2节 李氏百草膏炼制技艺

● 装药

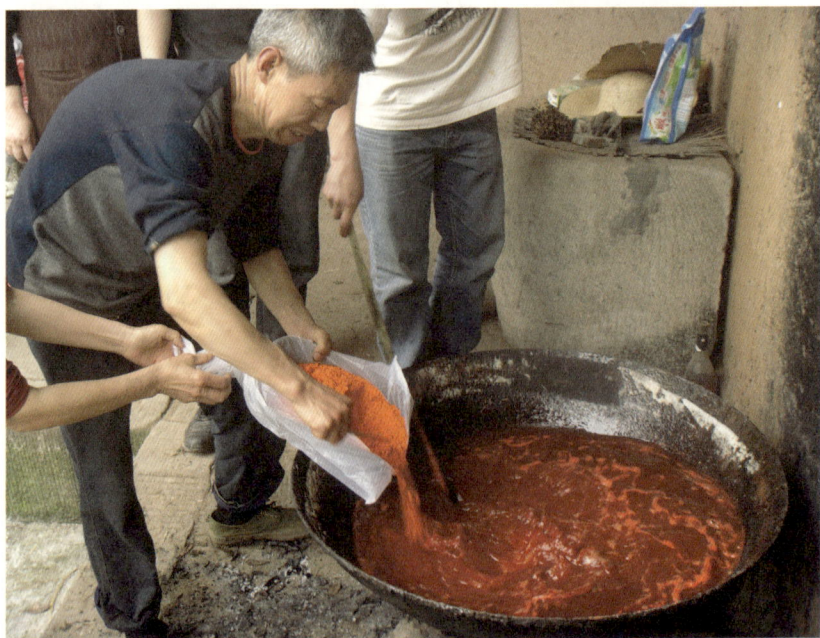

● 下丹

莺七、竹根七、青山七、朱砂七、铁棒七、海螺七、红毛七、芋
儿七、遥竹逍、石枣子、透骨消、钩藤、岩棕、八爪金龙、土鳖
虫、黄麻灰、山芒果、乳香、没药、川乌、草乌等 100 多味民间
中草药。李氏家传炼制的百草膏传承至今，因其具有药量足、纯
度高、吸收强、起效快、根治性强、应用范围广等特点，得到群
众普遍认可。

李氏百草膏由于在熬制方法上按照家传秘方，在下丹时按照
1∶0.3 的油丹比例，既减少了膏药中的铅含量，又可以保证夏天
使用膏药时不跑膏，堪称一绝。

李氏百草膏炼制技艺列入巴中市第三批非物质文化遗产代表
性项目名录。代表性传承人：李新平、李桂林。

第 **3** 节

拔罐

拔罐是一种以罐为工具，利用燃火、抽气等方法产生负压，使之吸附于体表，以达到通经活络、行气活血、消肿止痛、祛风散寒等作用的中医疗法。

拔罐疗法在中国有着悠久的历史，早在成书于西汉时期的帛书《五十二病方》中，就有关于"角法"（类似于后世的火罐疗法）的记载。古希腊、古罗

马时代也曾经盛行拔罐疗法。

罐具

目前拔罐常用的罐具种类较多，有竹罐、玻璃罐、抽气罐等。

竹罐

材料与制作：竹罐是采用直径3—5厘米的坚固无损的竹子，制成6—8厘米或8—10厘米长的竹管，一端留节做底，另一端做罐口，用刀刮去青皮及内膜，制成形如腰鼓的圆筒，用砂纸磨光，使罐口光滑平整。

优点：取材方便、制作简单、轻便耐用、便于携带、经济实惠、不易破碎；竹罐吸附力大，不仅可以用于肩背等肌肉丰满之处，还可应用于腕、踝、足背、手背、肩颈等皮薄肉少的部位，与小口径玻璃罐比较，吸附力方面具有明显优势。另外，应用时，竹罐可放于煮沸的药液中煎煮后吸拔于腧穴或体表，既可通过负压改善局部血液循环，又可借助药液的渗透起到局部熏蒸作用，形成双重功效，增强治疗作用。

缺点：易燥裂漏气且不透明，难以观察罐内皮肤反应，故不宜用于刺络拔罐。

玻璃罐

材料与制作：玻璃罐由耐热玻璃加工制成，形如球，下端开口，小口大肚，按罐口直径及腹腔大小，分为不同型号。

优点：罐口光滑，质地透明，便于观察拔罐部位的皮肤充血、瘀血程度，从而掌握留罐时间。玻璃罐是目前临床应用最广泛的罐具，特别适用于走罐、闪罐、刺络拔罐及留针拔罐。

缺点：导热快，易烫伤，容易破损。

抽气罐

材料与制作：抽气罐为有机玻璃或透明的工程树脂材料制成，采用罐顶的活塞来控制抽排空气，利用机械抽气原理使罐体内形成负压，使罐体吸附于选定的部位。

优点：抽气罐不用火、电，排除了安全隐患且不会烫伤皮肤；操作简便，可普遍用于个人和家庭的自我医疗保健，是目前比较普及的新型拔罐器。

缺点：无火罐的温热刺激效应。

拔罐方法

闪火法操作要点：用镊子夹酒精棉球点燃，在罐内绕一圈再抽出；迅速将罐罩贴在应拔部位上，即可吸住。

拔罐应用

留罐：将罐子吸附在体表后，使罐子吸拔留置于施术部位，一般留置5—10分钟。多用于风寒湿痹、颈肩腰腿疼痛。

走罐：罐口涂万花油，将罐吸住后，手握罐底，上下来回推拉移动数次至皮肤潮红。多用于面积较大、肌肉丰厚的部位如腰背；多用于感冒、咳嗽等病症。

　　闪罐：罐子拔住后，立即起下，反复吸拔多次至皮肤潮红。多用于面瘫。

　　刺络拔罐：先用梅花针或三棱针在局部叩刺或点刺出血，再拔罐，使罐内出血 3—5 毫升。多用于痤疮等皮肤疾患。

拔罐注意事项

　　拔火罐时切忌火烧罐口，否则会烫伤皮肤；留罐时间不宜超过 20 分钟，否则会损伤皮肤。

　　部位禁忌：皮肤过敏、溃疡、水肿及心脏、大血管部位、下腹部，均不宜拔罐。

　　拔罐列入平昌县非物质文化遗产代表性项目名录。

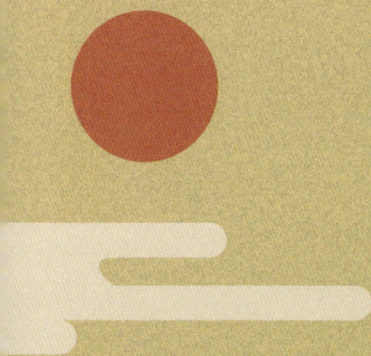

第七章

传统音乐

● 巴山背二哥

第1节

巴山背二歌

巴山背二歌是流传于四川东北部米仓山一带的一种劳动山歌，产生于当地百姓长期从事长途背运的劳动生活中，已有数千年历史。

自古以来，人们习惯把从事长途背运的人叫"背老二"或"背二哥"，把在背运途中打杵歇气所唱的山歌叫"巴山背二歌"。秦汉时境内有巴水（今通江河）、渝水（今南江河、巴河）纵贯全境，两河流域居住着贝宗人，又称"賨人"。古老的贝宗人在米仓古道上，或背运粮草或运输武器或背运日常生

活用品，进行物资交换。他们像马帮、驼帮一样组成庞大的背运队伍，往返于川陕两地。现存于陕西长安区兴教寺慈恩塔院内的一块石碑上，有一幅宋代工匠仿原碑图刻的《玄奘取经图》，图中玄奘背经书所用的工具与今天巴山背二哥们所背的"背架"几乎一模一样。由此可推断，"巴山背二歌"的历史至少可以上溯到唐代。

《巴州志·风俗篇》有载："康熙雍正年间，春田栽秧，选歌郎二人击鼓鸣钲于垄上，曼声而歌，更唱迭合，丽丽可听，使耕者忘其疲，以齐功力。"由此说明，在劳动中歌唱可使人忘其疲，出于自然，因而从事长途背运的巴山背二哥们唱山歌"忘其疲，以齐功力"的现象也出于自然，并一直延传到今天。

巴山背二歌是由长期从事货物背运的劳动人民所创造，庞大的背运队伍在漫长的背运途中更唱迭合，相互学习交流，没有固定的师徒关系，属自发式传承。巴山背二歌的歌词大都为二二三结构的七言格律诗，歌词常采用赋、比、兴等手法，如：

弯弯背架像条船，情哥背铁又背盐。

鸡叫三道就起身，太阳落坡才团圆。

除了常用虚词做衬词外，还像巴山其他民歌那样用实词做衬词，这是巴山背二歌最大的特色之一。如果背二哥们歌唱自己的生活，其衬词往往有"贤友儿""情兄儿"等，这类衬词指背二哥们相互打招呼；如果歌唱情人，衬词则为"贤妹儿"或"情妹儿"。调式多为上下句结构和徵调式，唱腔高亢悠扬，能翻山

越岭，穿云透雾，结束时都有长气短叹的一声甩腔——"耶——嘿"。其旋律悠长，节奏自由，声音高亢，风格粗犷，极具地域特色。表现形态主要是在背运途中打杵歇气时演唱，往往是一人领唱众人合，或众人齐唱，或对唱。演唱内容主要与劳动、爱情、生活等有关，它生动地反映了背二哥们的生活状况、劳动场景和内心世界。

巴山背二歌是巴中民间艺术的典型代表，是现代文学艺术的有效养分，是巴山人精神文化的体现，是记录社会发展的典籍，是巴山风土人情、生活习性的重要载体，具有独特的艺术价值和历史价值。

巴山背二歌列入国家第一批非物质文化遗产代表性项目名录。代表性传承人：陈志华、袁吉芳、袁宗玉、陈斌、方昕。

● 巴山茅山歌参加巴中市非物质文化遗产保护成果展演

第2节

巴山茅山歌

巴山茅山歌是流传于四川东北部米仓山南麓巴中境内的一种民歌，又称风流歌、情歌，曲目众多，占巴山民歌总量的 80% 以上，大多为男女对唱，或者一人领唱众人合，或者众人齐唱。因为演唱内容以调情表爱为主，不宜当众演唱，为避免难为情，往往隐藏在山野林间演唱，故称茅山歌。正如茅山歌所唱：屋团屋转莫唱歌，人家屋里人手多。老的听了不喜欢，年轻的听了睡不着。

歌词以七言格律体为主，表现手法多为赋、比、兴，衬词常用实词，调

● 巴中茅山歌非遗展演

式为民族五声调宫、商、角、徵、羽，其曲式结构大多为单段体。歌词形象传神，所表达的意韵往往只可意会不可言传，旋律清新流畅，演唱技巧独特，颤音的演唱犹如揉动的琴弦，风格上兼具北方的粗犷和南方的清婉。

20 世纪 50 年代初，南江茅山歌《犀牛望月》唱进了首都；通江茅山歌《豆芽葱蒜叶》在莫斯科世界青年联欢节上获金奖。

巴山茅山歌与莲花山情歌、布依族的浪哨歌、纳西族的玉龙

山情歌并称为全国四大特色情歌，它由巴山人在长期的劳动生产和生活中创造并自发传承至今。由于时代的进步、社会的发展，农耕文明时代的劳作方式已发生巨大变化，集体劳作方式逐渐减少，个体劳作方式业已普遍，茅山歌逐渐失去了生产、生存、传承和发展的空间和土壤，能唱巴山茅山歌的人越来越少，几近失传。

巴山茅山歌列入四川省第二批非物质文化遗产代表性项目名录。代表性传承人：郑开江、王光庭、张李明、方昕。

第 **3** 节

大罗唢呐

大罗唢呐是流传于巴中市巴州区东南部的民间器乐演奏。

唢呐演奏也叫"吹喇叭"，演奏者称为"吹鼓手"。清代以前，唢呐吹奏主要用于官府的迎来送往和大户人家的婚丧喜庆中。当时这种俗乐演奏班社，一般都很讲究。演奏时，要和锣、鼓、笙、箫等乐器配合。民国以后，民间鼓乐的演奏有所改变，比较齐全的班社解体，由职业化过渡到半职业化，乐器由多样变为单一，主要由携带方便的一支或两支唢呐来担任，演奏多是两个吹鼓手进行，再临时请几个伴奏锣鼓的人，演奏的形式也是群众性的。

唢呐锣鼓演奏在民间广泛存在和流行，唢呐曲调的吹奏，都因时间、场合不同而有别。如客到时，首先吹"小开门""大开门"；摆宴时，吹"厨调""满堂红""节节高"；送葬时，吹奏"长路行""四六调"。但在丧葬仪式中，还保留了传统的唢呐鼓乐，特别是在出殡前的"打牌鼓"，就是请鼓乐艺人演奏唢呐锣鼓曲牌连缀，以示生者对死者的悼念。为老人祝寿庆筵、新屋落成、乔迁之喜、开张大吉、添丁加岁，都要请鼓乐班演奏，贺喜助兴。

大罗镇以唢呐为代表的民间文化盛行。大罗唢呐历史久远，代代口口相传。农闲之时，人们吹拉弹唱，尽情地释放劳作之辛苦，表达收获之喜悦。

大罗唢呐列入巴中市巴州区非物质文化遗产代表性项目名录。

第 **4** 节

石工号子

石工号子又称打石号子，是汉族民歌体裁——劳动号子的一种，流行于四川东北部米仓山以南的南江县境内，由石工集体劳作时产生并流传，发挥凝聚人心、汇聚人力的作用，增强集体劳动的一致性。

古代巴人擅长歌舞的性格贯穿于生产生活中，在日常劳作中传唱着许多脍炙人口的巴山民歌。石工号子受巴山民歌的影响，形成了以徵调式为主的曲牌。

石工号子种类繁多。按唱腔分为长声号子、短声号子。按劳动形式可分为用大锤钻打巨石时唱的"开山号子",巨石开缝后用钢条、木棒撬动石料时唱的"撬石号子",用绳索将石料拉走时唱的"拉石号子",集体将石料抬走时唱的"抬石号子",集体用夯将堡坎筑紧时唱的"筑夯号子"等。成套石工号子中的各单个曲目,彼此风格各异,如"开山号子"多由劳动者在挥锤前唱出自由嘹亮的山歌性腔调,然后在举锤和落锤时唱出极有力的呼喊式歌腔,音乐粗犷豪壮;"撬石号子"因劳动强度较轻、动作协调,曲式多为呼应式对句结构,歌腔则比较柔和流畅;"抬石号子",因歌腔需

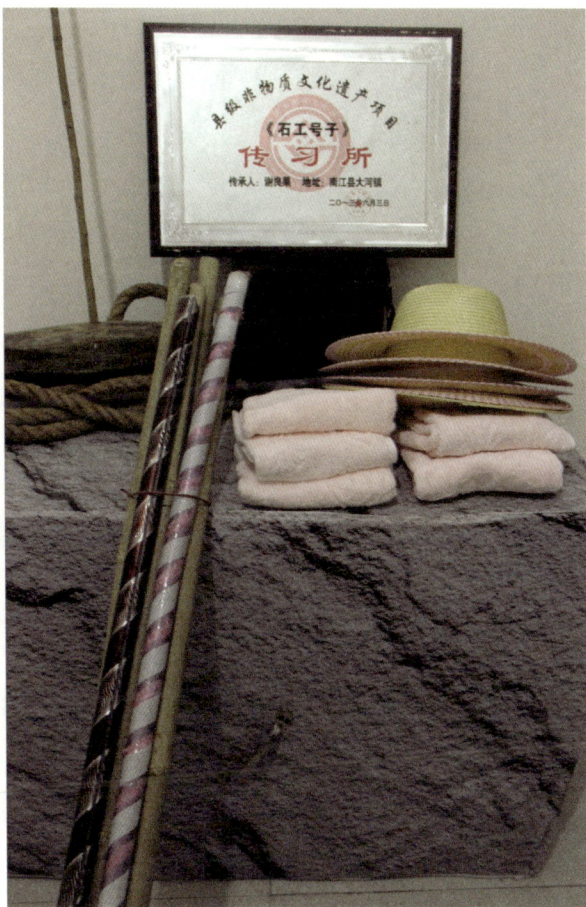

配合集体步伐（分快步和慢步两种），节拍清晰、规整，节奏鲜明。其中走快步的歌腔轻快活跃，结构多为短句接应式，走慢步的歌腔稳健有力，结构多为长句接应式。

石工号子唱词多表现当地民风民俗，创作灵感来源于当地的传说故事和生产生活。语言为四川方言，口语化较重。石工号子对研究川东北地区的民风民俗具有重要价值。

石工号子列入巴中市第五批非物质文化遗产代表性项目名录。代表性传承人：郑开江、谢良果。

高腔薅秧歌是农民相互帮工换活，在集体薅秧时演唱，是巴中民间流传较广的一种民歌。

薅秧，在我国南方种植水稻的地区，人们在插秧后不久就进行的一次除草拔秧的田间劳作。拔秧的目的是给秧苗松土，一般情况下一熟水稻会进行三次薅秧，薅秧的动作也极为简单机械，或用脚踩，或用手拔，可以想象，人们会一边薅秧，一边拉家常、说趣话，或者打情骂俏等。渐渐地，这些相互交流就成为简单机械劳作中不可或缺的一部分，慢慢演变成了现在的"高腔薅秧歌"。每逢薅秧时节，家家户户都得请大批男女老幼帮助突击，这种集体劳动就产生了曲调多样的薅秧山歌。

高腔薅秧歌一般由两句、四句的七言歌词组成一个完整的曲调。歌唱过程中有一人领唱，多人合唱，也有两人

第5节

高腔薅秧歌

对唱，内容以反映田间劳作或男女之间的感情为主。随着时间的推移，目前流传下来的高腔薅秧歌以情歌为主。

高腔薅秧歌歌词以二二三节奏的七言句式为主，一首歌大都为四句，第一句常与薅秧场景有关，如"大田薅秧行对行""薅了上丘薅下丘"等，其余几句由第一句引发。高腔薅秧歌的声腔高亢豪放，调式灵活多变，旋律婉转悠扬，节奏相当自由，能够把劳动人民粗犷豁达的性格表现得淋漓尽致。

高腔薅秧歌经漫长的田间劳作演变而成，对研究当地农村农业生产有一定的价值。

高腔薅秧歌列入巴中市第二批非物质文化遗产代表性项目名录。代表性传承人：陈登义、王中和。

第6节

巴河船工号子

"巴河急吔浪滔滔，船工号子响云霄——战激流，过险滩，咱推船人浑身是胆。""船工号子"是平昌县原元石乡文广站于2013年挖掘、打造并推出来的一个本地文化品牌，作品还原了巴河繁荣的拉纤景象。"船工号子"项目参加人员最少10人，最多可达30人以上，先后经县文广局、文化馆、非遗中心等精心提炼。"船工号子"以其浓厚的民间地域特色和激昂豪迈的气势，再现了巴河船工与纤夫的劳作场景，还原了巴河繁荣的拉纤景象，极具巴文化魅力。

平昌江口王家沱到重庆朝天门航道，是米仓古道不可或缺的组成部分。"船工号子"是巴河水运上一个强大的音符，是巴文化的重要瑰宝，是船工们与险滩恶水搏斗时用热血和汗水凝铸而成的生命之歌，也是平昌县文化活动中一个品牌。

自 2013 年以来,"船工号子"参加各种文艺活动,多次被市县电视台播出,多次被大小网站刊登。2013 年获全县首届民间技艺文化大赛原生态民歌二等奖;2014 年参加巴中首届原生态民歌大赛,斩获一等奖;2017 年 6 月,登上了成都市武侯梦想剧场大舞台,参加全省"携手齐奋进,共筑蜀水梦"文艺会演,再次捧得大奖而归。"船工号子"作为生命之歌,提振了巴河沿岸居民的精气神,也为米仓古道新时代的变迁和发展注入了活力,特别是使以黄梅古码头为核心的文化旅游产业发展焕发了生机,周边3000 余户、一万多群众因此而受益。近年来,人均年收入 5000余元。巴河船工号子作为巴人文化的优秀品牌正逐步进入市场化,成为推动当地乡村振兴又一重要载体。

巴河船工号子列入巴中市第七批非物质文化遗产代表性项目名录。代表性传承人:汪必祥。

第 7 节

柳州民歌

平昌县白衣庵，古名柳州城。柳州城区，上起凤滩，下至铁匠滩，现黄家店南下的绥官地，就是当年柳州城官府驻地。城区两岸柳树茂密，绿荫遮天，遂以"柳"冠名，故称柳州城。有关柳州城名称及遗址，《平昌县志》《白衣区建置概览》均有记载，柳州城隶属巴国，巴国是周王朝在南土的封国，国君姬姓，属周王朝的分支，公元前316年，被秦国所吞并。有关春秋战国时代巴国的历史，史书无任何正式的记载。相传，在秦以前的古巴国，先民在祭祀

时就有跳巴渝舞祈求来年风调雨顺的习惯，"巫师边唱边跳，挥舞宝剑，念念有词"。到汉朝，司马相如的《子虚赋》这样描绘巴渝舞的壮观场面："千人唱，万人和，山陵为之震动，川谷为之荡波。"古柳州水路交通发达，为四周商贾会聚之地，历来就有唱民歌的习惯，过去老百姓就有"出门一声吼"的说法，形成了田歌、采茶歌、婚礼歌、薅秧歌、祭祀歌等。所以，柳州民歌由历代口口相传，代代相传，迄今已有 2000 多年历史，源远流长。

柳州民歌以规整的七言格律诗为主，五言也有，但较少。如"贤妹长得白漂漂，好像豆腐才开包；才开包的嫩豆腐，轻轻一压水长澎"。其表现手法采用传统的赋、比、兴，选用巴山人生活中最典型的事物，加以艺术化的高度概括和描写，朴实自然，毫不雕琢，浅显易懂。如"一个大田十二厢，半栽萝卜半栽姜。萝卜莫得姜好吃，媳妇莫得女好当。宁当三年红花女，不当三年小媳妇。当了女儿有娘管，当了媳妇受煎熬"。用萝卜和姜这一对农家蔬菜来比喻媳妇和小姑子的相互关系，十分贴切，生动准确。

柳州民歌歌词创作手法高超，想象奇特，比喻巧妙，韵律和谐，洪亮自然，与用助词、叹词等虚词押韵的莲花山情歌、布依族的浪哨歌、纳西族的玉龙山情歌不同，柳州民歌不能用虚词押韵。如"郎是蜜蜂飞上天，姐是蛛丝网屋檐，蜜蜂扑在蛛丝上，郎要高飞姐要缠"。又如"河里涨水沙浪沙，妹过跳瞪眼发花，你是哪家小大姐，要不要我来把你拉？对门哥哥莫来拉，我是蜜蜂扑过的花，我已开花结过果，莫在我身上想办法"。柳州民歌抒发情感大胆直接、热烈奔放、淳朴自然，如"陪郎玩耍五更天，怀抱小郎把气叹，闰年闰月样样有，为何不闰五更天！"真是"人禀七情，应物斯感，感物吟志，莫非自然"。明代李开先在《市井艳词序》中写道，"真诗还在民间"，柳州民歌就是印证。

柳州民歌反映了当时的风土人情、日常生活，是人们交流情感、娱乐消遣的工具，是认识当时历史社会、民风民俗的宝贵资料，具有重要的人文研究价值。

柳州民歌列入巴中市第四批非物质文化遗产代表性项目名录。代表性传承人：岳茂盛。

第**8**节

油坊号子

油坊号子也叫打油号子、打榨号子，为油坊工人劳动时所唱，流行于中国各地中小城镇和乡村的造纸、榨油、染布等手工业作坊中。油坊榨油一般有三种不同的方法：撞榨、压榨和锤榨，号子也因榨法和地区而不同。

撞榨时，撞一下粗大撞木喊一次号子，撞榨的步伐、动作均由号子指挥。

压榨为数人操作螺旋形板绞榨油机，动作整齐，边喊边干。

锤榨一般由二人操作，锤打木楔榨油，二人对唱号子，边干边唱。

油坊号子是生产活动中一种口头即兴创作的曲调，曲调比较简单，节奏强而有力，有领有合，顿挫分明，内容根据劳动特点随意发挥。

这种手工劳动现已多为机器所代替，因此有些号子在生活中已不复存在。但作为文化遗产的民间音乐，仍在民间留存。这些歌曲歌颂劳动人民的勤劳勇敢、智慧和力量，以及追求美好生活的强烈愿望。

　　油坊号子列入平昌县非物质文化遗产代表性项目名录。

第9节

坐歌堂

坐歌堂又称"坐花园""坐花堂""陪十姊妹"，属嫁歌之一，为姑娘出嫁前夕举行的一种歌唱仪式，以新娘和伴嫁姑娘为一方，以新娘的嫂嫂、婶娘和已出嫁的姐妹为一方，互相对歌。

对歌分说郎、道情、盘歌三部分。

说郎由婶、嫂一方提问，新娘一方回答新郎的人品、外貌及恋爱经过。

道情是对歌的中心。双方运用大量的比喻、双关等手法，回忆相处的美好岁月，表达依依惜别之情。父母兄嫂在道情中，把如何待人接物，尊老爱幼，勤俭持家，处理好婆媳、夫妻关系等唱给新娘听，新娘一一作答。这实际是新娘离家前长辈对她进行的为人处世教育。新娘也可以对父母兄嫂提意见，无论多尖锐，父母兄嫂都不能生气。

盘歌则是对歌双方互相猜谜，歌声委婉悦耳，歌堂呈一派热烈欢快气氛，一直唱到雄鸡报晓，接新娘的人们到来为止。

嫁女歌是新娘过门前唱的一种喜庆歌曲。歌堂之夜，房中置一张方桌，上置喜糖，两个姐妹手执银灯，把头顶红帕的新娘迎进堂中，坐在方桌上首，姐妹分坐两旁，欢唱嫁女歌。整个过程包括"迎灯""开声""起歌堂""压箱钱""送灯"等几个阶段。

民国年间，这一民俗文化形成了一整套内容丰富、形式多样的嫁女歌系列。如今的坐歌堂，就是在院坝中随意摆上几张桌子，放上几盘糖果、瓜子、花生、胡豆，旁边放一缸老荫茶。女方的手帕之交、四邻亲友，大家随意坐着站着，热热闹闹，恭贺新娘出嫁。亲友们用歌唱的方式陪新娘度过单身的最后一夜，那幽幽的离情别绪，荡气回肠。

伴着闪烁的星星和一轮明月，人们先起哄，叫新娘唱嫁歌。新娘在羞得无法推辞之时，开始清唱，其内容不外乎是告别父母亲友，或者歌颂父母的养育之恩，舍不得离开等。比如流传在肖溪、石笋、龙台一带的《谢父母》唱道：

> 一谢父母多辛苦，趁早摸黑盘大奴。
> 奴今要舍父母去，怎不叫奴落泪珠？
> 二唱父母心地好，自己喝稀干留到。
> 干的拿给奴家吃，肥足树苗长得高。
> 三唱父母心地善，父母恩情高如山。
> 如今难舍父母去，叫奴怎不泪涟涟。
> ……

唱完感谢父母恩情的歌之后，就唱友情、爱情的歌了，唱到谁时，谁就向桌上丢钱，名曰"压箱钱"，一直唱到月落三更、雄鸡报晓，才慢慢散去。

现今，坐歌堂习俗鲜有保留，零星分布在平昌县等地。由于不受现代青年人喜爱，很多歌堂上的内容面临失传的风险，部分内容已经丢失，完整的坐歌堂已基本不存在。

坐歌堂列入平昌县非物质文化遗产代表性项目名录。

第**10**节

栽秧歌

栽秧歌主要唱于栽秧的季节（农历四五月间）。它是水田歌。歌声优美动听，以徵、宫两个调式为主，歌词为流行的民间歌词，男女一问一答或一唱一解。有时也见景生情，即兴编创，主要是消除栽秧人的疲劳，提高栽秧的速度。

栽秧歌具有浓郁的地域风格，其作品数量众多，风格多样，题材丰富。衬词衬腔为巴山民歌风格，源自具有强烈地域性的巴山方言，丰富多样，幽默风趣，完美地丰富了歌词的内涵，朴素诙谐的歌词与衬词的完美结合，展现了巴山人民对生活的热爱和向往。朴实而又灵活的衬腔为音乐精准的表达做了坚实的铺垫和有力的烘托，具有独特的艺术价值。

栽秧歌列入平昌县非物质文化遗产代表性项目名录。

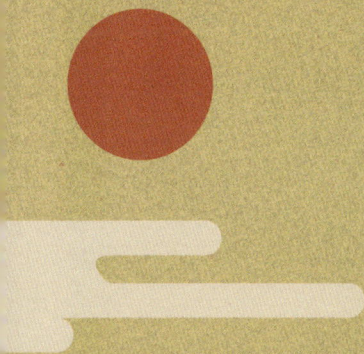

第八章

民间文学

第1节 《十里坪》

　　《十里坪》是指产生并流传于四川东北部米仓山南麓巴中市辖区的长篇叙事诗。巴中东邻达州市，西抵广元市，南接南充市，北连陕西汉中市，是北高南低的大山区。秦汉时米仓古道纵贯全境，是上通长安、下达成都的交通要塞。巴中人善歌舞，典籍文献记载甚多。《巴州志·风俗篇》有载："康熙雍正年间，春田栽秧，选歌郎二人击鼓鸣钲于垄上，曼声而歌，更唱迭合，丽丽可听，使耕者忘其疲，以齐功力。"由此说明，巴中人唱民歌由来已久，是劳动人民创造并自发传承的，一直延续到今天。从长篇叙事诗小调《十里坪》的内容上推断，其产生的年代最迟应在明清。

民间叙事诗实际上是一种说唱艺术。一人演唱或二人对唱均可，不需任何道具，无相关器具、制品。民间叙事诗在民间流传成一种说唱艺术，靠民间艺人口传身教，自发传承。说唱艺术中的歌词部分，新中国成立前只有极少的木刻版本或手抄本流传于民间，其他版本几尽绝迹。

《十里坪》的唱词从序开始进入主题，讲述了一个凄婉的爱情故事：马公子与小姐一见钟情，夜半相会，进而两情相悦，最后马公子离去，小姐因羞愧而自缢而亡。

《十里坪》歌词大都为二二三结构的七言格律诗，全诗 498 行，一韵到底。写作手法多为赋、比、兴。故事情节完整，线条清晰，人物形象鲜明，比喻新奇鲜活，排比对仗工整，有浓郁的生活气息和地方特色，文学语言准确生动。如：

我今说了这半夜，姐姐还是不动心。
就是高山也变矮，就是死人也还魂。
就是鳌鱼也眨眼，就是懒龙也翻身。
铁打心肠也变软，泥塑木雕也敬灵。
世间只有黄连苦，我比黄连苦几分。

又如：

> 哪有人前不说好，哪有背后不说人。
>
> 麻布口袋初见面，纸糊灯笼怕火明。
>
> 燕子衔泥嘴要稳，蚕子吐丝肚内存。

《十里坪》的调式全都是民族五声调式，其曲式结构大多为

● 《十里坪》传承人闫清明

上下两个乐句的单段体，不管歌词多长，均用此曲反复咏唱，其唱腔悠扬婉转、低沉哀怨，伴随歌词，情深意浓，催人泪下。中国民间文学理论家洪钟先生曾说：《十里坪》是汉族民间叙事诗中最有价值的长篇爱情题材叙事诗，它可以和藏族的长篇叙事诗《格萨尔王传》相媲美。

《十里坪》取材于民间爱情故事，生动地反映了巴山人在特定时代的情感生活和社会现状。它是记录社会历史的典籍，研究巴山人特定历史下伦理的佐证，是承载巴山人风土人情、生活习性、爱情婚姻的载体。

《十里坪》列入四川省第一批非物质文化遗产代表性项目名录。代表性传承人：杨中南、闫清明。

第2节 《月儿落西下》

　　《月儿落西下》是流传于四川省东北部米仓山南麓巴中市辖区内的一种民间叙事诗（从演唱形式讲属民间小调）。民间小调亦可称为故事歌，一般都讲述一个比较完整的故事。《月儿落西下》讲述男女主人公至死不渝的爱情故事。表现形式多为一人独唱，情真意切，委婉缠绵，感人肺腑。

　　巴中人善歌舞，典籍文献记载甚多。最早可见《左传》："周武王伐纣，实得巴、蜀之师，著乎《尚书》。巴师勇锐，歌舞以凌殷人，前徒倒戈。故世

● 传唱人何清香（前中）

称之曰：武王伐纣，前歌后舞也。"唐朝刘禹锡有《竹枝词》写道："栽秧薅草鸣锣鼓，男男女女满山坡，背上儿放阴凉地，男叫歌来女接歌。"巴山地区是我国南北方民间文化融合之地，南北方民间文化交融后便产生了一种具备南北文化特点的新的民间文化，《月儿落西下》就是北方鼓子词与南方曲词交融的产物。

《月儿落西下》这类唱词作品是我国北方明朝时期出现的鼓子词，多为民间艺人创作。演唱时击鼓为拍，流传到南方后又成为民间的花鼓演唱，用小鼓小锣伴奏击拍。民间艺人演唱时将小鼓小锣系在架子上，将木槌用绳索连起来用手拉扯进行打击，形成一种特殊的鼓锣齐鸣的伴奏，新中国成立后，在巴山民间十分流行。另一种与南方小调曲词融合，形成一种具有南方特点的里巷之曲，最为典型的是，《月儿落西下》和《梁山伯与祝英台》词组结构相同，演唱的曲调相同。演唱多在夜晚，做院活如剥苞谷、纺线织布时，达到除去疲劳、散心之目的。明清及民国时期有木刻版本和手抄本流传，而且变文、异曲较多。

　　《月儿落西下》由八部分组成，包括序、五香酒、十绣、十

● 传唱人何清香

四川省非物质文化遗产

月儿落西下

四川省人民政府公布
四川省文化厅颁发

2007年3月

写、十劝、十送、十许和十二月，内容有想郎、望郎、待郎、恋郎、怨郎、劝郎、送郎、许郎，直到姑娘相思而亡，完整地讲述了封建时代一个姑娘敢于冲破封建礼教，追求忠贞不渝的爱情，为真爱而献身的感人故事。全诗684行，表现手法多为赋、比、兴，比喻新奇，想象丰富，对仗工整，颇具文学韵味，上下两个乐句反复咏唱，音乐旋律优美、流畅，贴近生活，在悠扬婉转、深情哀怨的唱腔中，娓娓道来，感人至深。

随着社会的发展、时代的进步，原来相对封闭的农耕文明不断受到现代文明的冲击，《月儿落西下》传承人缺少，亟待抢救保护。

《月儿落西下》列入四川省第一批非物质文化遗产代表性项目名录。代表性传承人：何清香。

早在民国的《巴中县志》中，就有对《蒲道官斩巴蛇》的记载，但其具体形成时间不可考。据故事内容推断，男主人公王鹗之父为唐代恩阳县令，距今约有 1400 年。

据《山海经》《华阳国志·巴志》等古籍记载：巴人共五支，奉廪君为尊。其中一支巴人蛇巴的核心地区就在巴中辖区，其地蛇多，巴人对蛇怀有敬畏，至今仍然流传着"家蛇是老祖宗""家蛇打不得"的俗话，这展现了远古时期巴人对蛇图腾的崇拜。到了隋唐时期，巴人人口不断增多，在极为艰难困苦的生活条件下，为了生存，与自然界之间的斗争愈演愈烈，巴人对蛇由敬畏转变为征服，他们斩蛇蟒、射虎豹、猎牧捕鱼、垦荒种田、兴修水利、发展农业，世代繁衍。同时也创作了

第3节

《蒲道官斩巴蛇》

● 义阳山

《蒲道官斩巴蛇》的故事，世代流传。

恩阳城南有一座山，因山上三峰耸立，故名三峰山，又名义阳山。义阳山为一方胜景，千百年来红梅仙子与蒲道官斩巴蛇的传说一直在乡间流传。

相传上界仙女红梅仙子因过失被贬到义阳山丛石间，化作红梅两枝，南枝吐花繁茂，北枝无花开放。每当南枝花开时，奇芬馥郁。唐贞观年间，恩阳县令王瑞次子王鹗是个颇有名气的书生，常年住在红梅阁读书。一年初春，他见红梅阁旁的红梅树繁花似锦，其中一枝丰满异常，便折回插入书房花瓶。花却长久不谢，屋里屋外香气扑鼻，室内读书作画的文房四宝被整理得格外工整、一尘不染，似有专人伺弄。

一日，他假称回家省亲，关了书房，躲入卧室，不一会儿，从花瓶的红梅中走出一位花容月貌的少女，收拾起屋子来干净利落，看见王鹗，急欲回避不成。四目相视，少女满脸通红，经过一番交谈，王鹗方知姑娘名叫红梅，乃瑶池宫中侍女，因在蟠桃会上不慎打破玉盘，被王母娘娘贬下凡间，安排在红梅阁。书生对红梅的遭遇很是同情。从此，红梅在阁里纺纱织布，朝夕陪伴书生作诗作画。后在王太夫人的允许下，公子与红梅完婚，唱和诗书，相敬相爱。

在义阳山腰，有一洞，深三层，洞中有巴蛇潜伏，长数十丈，常残害妇女，吞食人畜，修炼多年已经成为妖精，它垂涎红梅的美貌已久。一天黄昏，红梅刚进阁楼准备歇息，巴蛇化身为一英俊男子，翩翩而至，嬉皮笑脸向红梅求爱。红梅见是蛇精，一边斥责无礼，一边捡起一个纱锭，投向道山寨报信，瞬间一缕青烟载着一口宝剑呼啸着落入红梅手中。蛇精回首一惊，知有高人相助，马上变为原形，与红梅纠缠。红梅怒不可遏，挥剑砍去，巴蛇见势不妙，慌忙逃走，一步跳下读书台。红梅见天色已晚，回到阁楼，将纱锭再度抛向道山寨。顷刻，一缕青烟送来一个铁匣，红梅打开一看，原来是一块百年炼就的火砖。

红梅一夜提防，并不见巴蛇来到。第二天拂晓，蛇精再度去调戏红梅，并张开血盆大口，向红梅扑来。红梅忙取出火砖，用力抛进巴蛇的口中。熊熊烈火燃烧，烧得蛇精乱弹，一弹弹到十几里之外的字水河，火砖从口里脱出，烈火烧干了河水，从此人们称这条河为鳖溪河。

红梅为何要向道山寨抛出纱锭？原来这里有一位蒲道官，幼年被财主逼死父母，孤苦伶仃，只身出家，上阴灵山，游青城山，得名师指点，练就一身高超的法术。他在青城山夜观天象，见家乡义阳山上黑气冲天，知有妖孽为患，特回家乡除害。红梅手中得来的宝剑和火砖，便是蒲道官所赐。

巴蛇并不甘心失败，再次与红梅大战于红梅阁前，当红梅不

敌蛇精之时，蒲道官一声长啸，登上了红梅阁，横剑直立。巴蛇大惊，知是送剑、送砖的高人来了，又与蒲道官大战了三十个回合。蛇精已觉乏力，只得夺路逃走，苟延残喘，以图卷土重来。

蒲道官用稻草绑成一猪，腹下藏火药火器设机关。又令童儿到巴蛇洞前砌灶生火，锅上放蒸笼，笼内蒸一面人。是夜，巴蛇出洞觅食，将草猪吸进腹内，机关转动，燃起火焰，烧得巴蛇疼痛不已，藏于洞中不出。蒲道官手执利剑，进洞除妖。走时再三叮嘱道童：此笼要七天七夜才能揭盖。

时间一天天过去，眼看七天将过，这道童自作聪明，忘记师父的吩咐，时过傍晚，便揭开笼盖，笼内面人全部溃成面块。只听洞内一声巨响，一条大蛇蹦出。道童见状，大喊师父，蛇精知老道已混进了腹内，于是用力紧闭血盆大口。蒲道官由于道童提前揭了笼盖，功力减退，无力冲出蛇腹，只能在蛇腹拼命挥剑猛刺。一番拼杀后，蛇精最终不敌剧烈烧杀而死亡，蒲道官则因体力不支葬身于巴蛇腹中。

害人的蛇精终于被除掉了，人们从四面八方涌向巴蛇洞，把蛇精开肠剖肚，找出蒲道官的遗体，安葬于义阳山红梅阁下。

《蒲道官斩巴蛇》是当地民众集体智慧的结晶，是民众审美意识的集中体现，是人们在学习故事的同时需要传承下来的精神：面对爱情时要有坚定不移的态度，面对邪恶时要有不怕牺牲的精神。恩阳区作为重要的旅游区域，近年来打造出了一系列有关蒲道官斩巴蛇、红梅仙子的故事表演剧目，同时也开发了系列文创产品，作为当地特色文化推向市场。

《蒲道官斩巴蛇》列入巴中市第七批非物质文化遗产代表性项目名录。

第九章

民俗

巴中非遗

第 1 节

巴河龙舟汇

巴河龙舟汇是明末清初盛行于今巴中市巴州区东南部三江镇的一种传统体育活动。

三江，唐朝时名为清水驿，明末清初时名为三江口，新中国成立后为三江乡，撤乡并镇后更名为三江镇。三江水面宽阔，源远流长，由巴河、恩阳河、茶坝河三河之水汇流至此，流经达州州河、渠江、嘉陵江，汇入长江。

名为清水驿时，这里只见江水浩渺，人烟稀少，没有场镇。清康熙年

● 巴河龙舟汇

间朝廷号令移民填川之后，有湖北孝感、湖南衡阳一带的人移居至此。当时，所有移民全部栖居于三江两岸，并以捕鱼为生。

三江四面环山，地势极低，水面宽约 300 米，是巴州区境内唯一的水乡。从古到今，洪灾无数，栖居于三江两岸的百姓饱受洪涝之苦。于是这里的乡民在每年农历五月初五端午节，都会邀请三江上游恩阳河、巴河、茶坝河一带栖居于河边的人汇舟三江，举行祭祀龙神、送龙归海、避水消灾等活动，以盼祛除涝灾，求得风调雨顺。活动仪程大致分为"祭祀天神""祭祀龙神""送龙归海"。

当时，来自各条河流的船工坐着船头塑有龙头、船尾塑有龙尾、船舱坐有水手 12 人的龙船汇于三江，举行"送龙归海"仪式。当时，民间有"哪条船划得最快，船上的人就能最先得到龙神保佑"的说法。所以，水手们拼命划船，唯恐落后。三江龙舟汇便成了当地一种声势浩大、经年不衰的民俗活动。

巴河龙舟汇列入巴中市第六批非物质文化遗产代表性项目名录。

第2节 巴山婚俗

　　巴山婚俗主要流传于四川省东北部大巴山南麓，这一带的居民几乎全为清朝时"湖广填四川"的外来人口后裔。经过世代的繁衍生息之后，仍保留了许多先民的习俗，并结合新的环境对古老的习俗进行改造，从而形成了富有特色的民风民俗。

● 巴山婚俗展演

　　巴山婚俗的基本内容为"六礼"，指从议婚至完婚过程中的六种礼节。这一婚俗程式，周代即已确立，最早见于《礼记·昏义》。以后各代大多沿袭周礼，只不过在传习过程中小有变化。六礼，即起媒、合八字、下聘礼、定亲、查期、接亲。

　　巴山传统婚礼习俗的流程需要三到四天的时间才能完成。

　　第一天，由亲朋好友、周边邻里上门，帮助婚家筹办酒席、嫁女相关事宜。

● 迎亲

● 压轿

● 拜堂

　　第二天，男方到女方家迎亲，男方要在女方家住一宿（俗称歇客），此日为女方家的"正酒"日。

　　第三天，男方家迎亲，招待宾客，此日为男方家的"正酒"日，同时，行叩拜仪式（拜祖宗、拜天地、拜父母、夫妻对拜）。

　　第四天，举行拜客仪式、谢客仪式，新郎、新娘喝交杯酒，泡茶（由女方送亲主宾向男方家长交代女方情况，共商女子回门等事宜）。

　　至此，婚礼才算结束。

　　巴山婚俗的繁杂程序及严格礼仪充分体现出当地人对婚姻的态度是积极的，视婚姻为神圣而纯洁的。

　　巴山婚俗列入巴中市第三批非物质文化遗产代表性项目名录。

● 民居大门口前说春

第3节

说春

说春主要流传于川东北米仓山南麓的南江县辖区内，在全国其他地区十分少见。

说春源于商代武丁时期的迎四方神之习俗，现在已成为一种比较单一的节令说唱习俗。唐武则天时期一度改礼部为春官，自唐宋以来又把春官称为主管天文历法之官，皇上发官衣官帽，

距今已有 1300 多年。明清时，春官已由民间说唱艺人担任。据
《南江县志·风俗篇》（清道光七年版）记载："立春前日各地春官
到县署领历帖，知县持春牛领春官游街一圈，览胜者众，晚酒宴
春官开步，说春之习俗甚焉。"另据《南江县志》（民国十一年版）
记载："春帖捐，每春帖一张收钱伍拾余文，年额无定，约收钱
七百余文。"可见南江的说春习俗历史悠久。

　　说春，由民间春官在民居堂屋大门口进行的一种节令说唱
活动，一般在农历十月小阳春后开始，次年春分左右结束。常
为一人一路（也有两人一路），带着春牛（小木雕，象征农事的
耕牛）、历帖（历书）、二九（装粮食的褡裢口袋）、十三把（又
名孝春棒，每把代表一月，一年有十二个月加闰月为十三个月，
故为十三把），走乡串户，为农民报送耕种季节。传统唱词一般
都比较高雅，艺术色彩较浓，能因时、因人和周围环境气氛即
兴编词演唱，俗称"见人说"。其内容包括开财门、农时节令、
七十二行、婚丧嫁娶、历史典故、揭恶劝善等方方面面，山区
农民非常喜欢说春这种节令说唱活动。农民认为春官跋山涉水，
十分辛苦，便将自己劳动所得的粮食、金钱相送，作为对春官
的酬谢。

　　说春经过数千年来的民间流传，对于我国曲艺表演艺术的起
源、发展有着重要的研究价值。作为一种历史悠久的文化遗产，其
历史价值不言而喻。说春歌谣完全来自民间口头文学之顺口溜，是
重要的民间文学作品，内容涉及民间习俗、生产劳动、人民生活，
还包含了世界诸多文化的交流，是古老的群众文化活动标本，具有
重要的民俗研究价值。

　　由于农村经济的快速发展，广播、电视、报纸、网络等多种媒
体的普及，民间春官说春受到巨大冲击，这一古老的民间习俗呈逐

步衰退趋势。老春官多已作古。说春习俗已处于严重濒危、即将失传的境地。

　　说春列入四川省第二批非物质文化遗产代表性项目名录。代表性传承人：谭永立。

● 正月十六忙登高

第4节

正月十六登高节

巴中正月十六登高习俗的起源，说法有多种。

一是伏羲生日说。农历正月十六，相传为伏羲生日。这一天，先民自发集会，游山祭奠，祈求全家人幸福安康、新年好运。据传，在古代，巴中人登山都要去拜伏羲庙。伏羲庙内，古柏森森，庄严肃穆。按天干地支六十甲子排列循环，每年选出一株古柏在庙内值班，于是这棵古柏就成了伏羲旨意的直接体现者。传说它能治病疗疾。每年正月十六，朝拜宗庙的人们沿甬道鱼贯而

正月十六登高忙

入，毕恭毕敬地于露台之下三跪九叩、焚香化纸。而后各自走到神树前，粘贴纸人，点香火灸病。

二是唐永隆元年（680），武则天将章怀太子李贤贬到偏远大巴山区的巴州为庶人。太子到达巴州的那一天是正月十六，此后每年这一天，太子都要登临南龛山、望王山北望长安，祈求回到亲人身边。百姓感念太子重农垦、恤民情，相邀尾随，陪行登山，久之成俗。随着时间的推移，巴中人每年正月十六举家登高，意在新年登鼎步步高，大人小孩们在胸前和发端插上柏枝，寓意百命长寿、驱逐病魔、历代不衰。

三是源于巴人正月十六游山走百病的习俗。《巴州志·风俗》载，清时"正月九日群集望王山烧香，十六日妇女出游谓之走百病，于南龛寺设大醮会，礼佛请佛。山前有圆洞二穴，妇人无子者以物掷之，视其中否以祈嗣，谓之打儿洞"。《帝京岁时纪胜》中写道，"元夕妇女群游，祈免灾咎。前一人持香辟人，曰走百病"。由此说明巴中人正月十六登高的习俗沿袭已有千年历史了。

巴中正月十六登高节源远流长，千余年来，应者甚众。每当正月十六来临，无论官人布衣、商人文士、学者行伍，还是教师学生、老少妇幼，携包负囊，步行登高，直至山顶。他们背负种种寄托，齐集众山之中，拥于寺庙之内，焚香叩拜，鸣炮祈福，霎时间香烟弥漫山野，人影飘忽林间，一派山呼林啸，沸沸扬扬之情景令人叹为观止。

正月十六登高节列入四川省第二批非物质文化遗产代表性项目名录。代表性传承人：周安华、晏陶。

● 米仓古道（何嗣猛 摄）

米仓古道文化空间

米仓古道文化空间主要分布于巴中市南江县米仓山地区，因翻越米仓山而得名。米仓古道共分三道：（一）起于陕西汉中南郑，翻大小巴山，过米仓山进入蜀地南江县境，穿越南江县150多公里后跨入巴中，又沿巴河、渠江南下重庆，此乃水陆交汇米仓古道。（二）陆路经蓬州（蓬安）、顺庆（南充），再下合州（合川），直抵江州（重州），此乃米仓古道南线。（三）沿南方丝绸之路经南部、三台、中江沿线抵成都，此乃米仓古道西线，此线北接广元入蜀古道。米仓古道入南江后又东分，经贵民关入通江之汉壁道，抵终点重庆。

米仓古道历史悠久、路途险要，乃古代陕西汉中翻越米仓山入蜀之古道，自汉南从城墙岩入川，经米仓山、光雾山至截贤岭，经韩溪至集州，越巴州至巴西（今阆中市），共240公里。为北出汉中进关内，通衢中原；南入巴蜀，直进成都；西北走天水，进陇西的政治、经济、文化、军事、商贸之要道，是古代黄河文明与巴蜀文明沟通的重要渠道，是我国古代长江与黄河流域之间的重要纽带。其历史地位，如同茶马古道、丝绸之路。

米仓古道有着3000多年的灿烂历史，情怀在这里滋养，故事在这里演绎。米仓古道所体现的文化内容，研究价值巨大，为整个巴山地区的历史、艺术、文化等方面的研究提供了依据。现存遗址、遗迹不但具有重要的文物保护价值，又与旅游线路结合，吸引大量游客，对旅游线路的品质提升有重要作用。

米仓古道文化空间列入巴中市第三批非物质文化遗产代表性项目名录。代表性传承人：黄治新、梁廷保、袁吉芳、何嗣猛。

● 探访米仓道（何嗣猛 摄）

第**6**节

正直大酥肉节

相传三千年前，纣王受苏妲己魅惑，荒淫无度，民不聊生。老百姓恨不得把苏妲己杀了喝血、吃肉，但谁也不

● 世界上最大的酥肉

敢奋起反抗，于是就用动物的肉代替苏妲己泄恨，把肉剁细，用油炸之后分食，为了避免朝廷的追究，民间改名"妲苏肉""大酥肉"。随着时间的推移，这道小吃流传至今，在逢年过节、婚丧

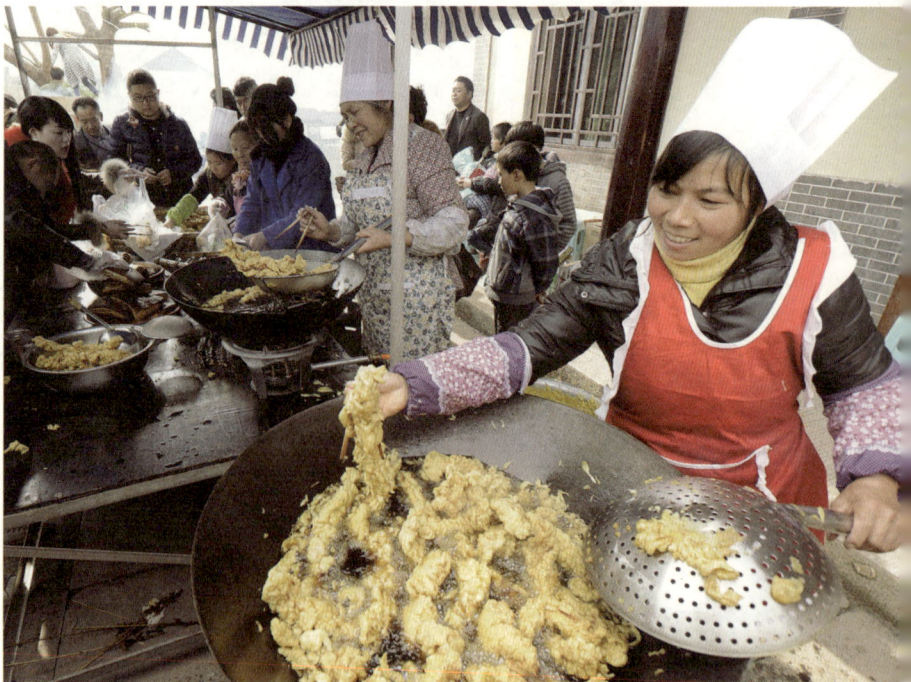

254

嫁娶的宴席上必不可少。

如今，每年 11 月 19 日—12 月 18 日都会举行为期一个月的南江县正直镇长滩村大酥肉节。2016 年第三届大酥肉节上，主办方采用 78.3 公斤鲜肉、160 公斤食用油、20 公斤芡粉和 210 个鸡蛋，做出一条长 11.07 米、净重 74.4 公斤、平均直径 12.76 厘米的大酥肉，在酥肉节期间现场进行展览，并成功申报吉尼斯世界纪录，成为世界上最大的酥肉。酥肉节以传承本土饮食文化、主推乡村旅游发展为主旨，以"游风情小镇，逛七彩长滩，赛山地网球，品特色酥肉"为节庆主题。开"千人大宴"，300 桌"十大碗"让游客大快朵颐。

大酥肉，传递的是对客人的一份热情，带回的是对家庭的一份惦念，展示了朴实、厚道、正直、大方的南江情怀。

正直大酥肉节列入巴中市第六批非物质文化遗产代表性项目名录，代表性传承人：张继贡。

第**7**节

南江丧葬习俗

丧葬由一系列烦琐的仪式组成。

人要避免死在床上，要净身，穿好装老衣，平睡在堂屋正中的竹席上，烧倒头纸，腰间用黑色线做裤带，叫作"系年龄线"，多大年龄多少根，脚前点一盏菜油灯。断气时要放鞭炮，并将死者生前所睡床铺上的垫草拿到野外去烧掉，以此向村民报丧，还要派孝子披麻戴孝去向远方的亲人（友）报丧。再请白鹤仙师根据死者的出生、死亡时间卜算入殓时间，并按子女的出生日期在互不相克的前提下选择好坟地。

对死者所举行的一切仪式都在灵堂里进行。设灵前首先将死者遗体放入木棺中，摆放在堂屋正中，堂屋大门口左侧的阶沿上摆放用竹和纸做成的灵房，灵房前的香案正中放着死者的灵牌和照片。晚上孝子守灵，直到出丧为止。出丧头一天下午，亲朋好友敲锣打鼓，抬着花圈挽联前来吊丧。其中，女婿要抬祭猪，孝家设坐堂锣鼓与孝子专门接待来客，来客进入孝家均有一定程序。

祭奠仪式有客祭、堂祭和家祭三种。祭祀活动的主持称赞礼生。家祭通常采取明清时流行的"出堂三献"或"对灵三献"仪式，都有吟诵祭文形式。祭奠仪式结束，则进行封棺仪式。最后由孝歌班子通宵达旦地坐唱孝戏或孝歌才算结束。

出灵又称出丧。凡参与出灵的人，是死者同辈的直系亲属，要全穿孝服和包孝帕，孝子也要全穿孝服，长孝端上灵牌在院坝口等候"八仙"抬灵柩出堂屋。灵柩抬到院坝边时，赞礼生便举行路祭仪式，孝女面向灵柩跪地痛哭，送死者上青山，民间谓之送老归山。出灵时，灵柩走最后，孝子走灵柩前。灵柩路过之处要散发买路钱，如此死者亡灵才能通过。灵柩路过民房或街上店铺门前，"八仙"要打岔说吉令，店主要放鞭炮，孝子全部掉头就地下跪。

到墓地时"八仙"放下灵柩入墓，白鹤仙师拨好字头（朝向），由孝家先掩一把土，"八仙"再说吉令，白鹤仙师吟诵撒五谷。最后举行"墓祭"，白鹤仙师要给孝家排写烧七的期单，每七天一次，叫"烧七"，一年满后，叫"烧周年"。以后每年只在中元、清明和死者生日才举行祭奠仪式。

巴人对先祖有着无比的尊崇，因此丧葬习俗尤为浓厚，世代沿袭，既有历代文化又有孝亲思想的传承。南江丧葬习俗遵从佛教仪轨，为木棺土葬，具有仪式性、程序性、巫术性的特点。丧葬过程繁复，礼数众多，忠孝之礼与巫术过程结合，简单或繁复体现贫贱富贵，也与子女孝亲之情及死者生前影响大小有关，宣死者生前功德，寄生者莫大哀思，体现忠孝、颂德、寄望等文化内涵。

南江丧葬习俗列入巴中市第三批非物质文化遗产代表性项目名录。代表性传承人：李天国、李培勇。

巴中非遗

BAZHONGFEIYI

第 **8** 节

吃庖汤

吃庖汤兴起于汉代，俗称吃杀猪酒，是生活在川东北地区老百姓的传统农俗文化。

公元前 316 年，秦灭巴蜀后，巴国政权虽灭，但族人仍在。秦为了稳定政权，对巴人在赋税、法律上都给予了恩惠。巴人崇尚农牧，善歌舞，以族聚居，驯养猪、羊、牛。食用的肉食以腊肉为主，吃鲜肉的时候很少，这便为吃庖汤聚集性的民俗活动奠定了基础。

这种民俗历史悠久。每年冬至以后，田地里的农活少了，圈里的猪膘肥体壮，气温也适宜熏制腊肉，农家人就把养了一年的大肥猪拉到院里宰杀，请亲戚朋友和四邻前来吃年猪肉。

每年冬至后，家家户户杀年猪放红、焚香烧纸放鞭炮，以此驱邪纳福，并祈求来年五谷丰登、万事吉利。杀猪后，取猪身各处最好的肉，甚至还泛着热气的猪血、猪内脏等，采用传统的方式烹饪出口味独特的庖汤饭，款待亲朋好友。现在庖汤宴有固定的菜谱：粉蒸五花肉（两份）、零星瘦肉炒白菜、边角肉熬糖肉、边角肉炒酱肉、肝腰爆炒、蒜苗豆豉回锅肉、猪血酸菜汤等。

在农村，一头年猪，既是一年劳动成果的汇总，也是来年主要营养的积蓄，更是一个家庭荣誉的象征。所以，杀年猪首先要选定日子。有"逢六不杀"说法，即每月初六、十六、二十六不能宰杀。杀年猪也有一番讲究，要求请来的杀猪匠必须一刀封喉，一刀见血，不得杀第二刀，猪血既要浓又要旺，这样便预示着来年六畜兴旺、五谷丰登。同时，根据杀猪匠的刀法、猪血的流量流向、猪的叫声等，预判来年的运势。

吃庖汤不仅是一种饮食文化，更是农耕文明的展现，使现在的人们能够了解到先人的智慧。

吃庖汤列入巴中市第七批非物质文化遗产代表性项目名录。

第十章

曲艺

第 1 节
四川盘子（巴中）

四川盘子（巴中）是指流传于四川东北米仓山南麓巴中市辖巴州区内的一种集曲艺、舞蹈表演为一体的艺术形式。

盘子多由打花鼓艺人兼唱，演唱时，无乐器伴奏，自敲盘子击节。敲击手法有敲盘沿、点盘心、平敲、轮敲、急奏、慢夺以及颤、滚、滑等，按不同旋律，敲出高低缓急各种音响。所唱曲调为民间小曲，也吸收了部分四川清音的曲牌，如《金梅花》《十杯酒》《学生歌》《反十二花》《上轮船》等。曲目都

是短段，内容有故事唱段，也有抒情小段。过去的唱盘子艺人，
只能在码头、坝子、茶馆、酒楼、旅馆等处清唱。新中国成立
后，盘子演唱进入书场、舞台，在艺术上有较大的革新，创作了
《剪窗花》《想红军》《看女儿》《山城四绣》《赶花会》《要得歌》等
曲目。演唱形式有独唱、对唱、群唱、走唱，并增添了二胡、三
弦、月琴、笛子等伴奏乐器。

　　四川盘子一般系多人表演。表演者手执瓷盘及竹筷敲打出各
种节奏、花样，随乐曲及唱腔，自打自唱，边演边舞。其唱腔没
有固定的曲牌，采用音乐中带跳动性的曲牌和南坪曲调谱成。节
奏性很强，旋律轻快活泼，悦耳动听。

　　盘子的使用及基本打法：表演者用左手的拇指与食指抓住
瓷盘边缘处；中指、无名指及小指夹住一根竹筷，有节奏地敲打

瓷面的下边缘处。右手的拇指、食指及中指执住竹筷的二分之一处，手心要空；无名指及小指自然弯曲，有节奏地敲打盘体各个部位。

四川盘子（巴中）列入巴中市第七批非物质文化遗产代表性项目名录。代表性传承人：李勤。

第**2**节

四川车灯（巴中）

车灯的前身为民间流行的车车灯，又叫车幺妹，在四川省民间的"车灯调"基础上创作。车灯调又称"幺妹灯""彩莲船""跑旱船"。

四川车灯是一人或多人载歌载舞说唱故事的曲艺表演形式。逢年过节和庙会时演出助兴，一人扮幺妹坐于彩船上，另一人手执彩扇在船旁边歌边舞，另有帮腔，唱词即兴编出。演唱时，由一二人或数人，两手各执四页板自打节拍，亦舞亦唱。并将原有车车灯唱腔整

理成适于叙述故事和朴素明快的车灯调；帮腔衬句的调子，可根据唱词内容而灵活运用。车灯唱词以七字句为基础，可以加衬字嵌字，上下句都要押韵。

表演者三人，一人饰幺妹，一人饰小花脸，一人饰车夫或艄公。也有七人表演的，除上述三人外，增加四个手执灯笼的"报子"（打场人）。灯班均由乡村表演水平较高的老艺人领头，串联一些爱玩灯的人，临时组成车灯队，春节期间四处玩灯，春节一

过即行解散。

四川车灯先由小花脸手执花折扇跑场，引出坐"彩车"、戴墨镜、手舞彩巾的幺妹（多为男扮），然后即兴编唱各种与节庆、农事、民俗有关的谐趣之词，以幽默逗乐为主。每唱完一段后，在锣鼓声中走"转元宝""挽蚂蚁""筛莲花"等传统套路变换队形。其表演技巧概括为"幺妹要稳，花脸要逗"八字，唱段有超腔、数腔两部分。唱词多属上下结构，句句押韵，唱腔为徵式调，曲调重复演唱。伴奏乐器有二胡、月琴、三胡、四胡、锣、鼓等。

四川车灯（巴中）列入巴中市第七批非物质文化遗产代表性项目名录。代表性传承人：邬容。

第 **3** 节

金钱板（巴中）

金钱板（巴中）是指流传于四川东北米仓山南麓巴中市辖巴州区内的一种集曲艺创作、演出于一体的曲艺表演形式。

金钱板，四川民间曲艺品种，大概发源于300多年前的成渝两地，流行于四川和贵州部分地区，后逐渐流传于云南、贵州等西南地区。金钱板由楠竹或斑竹制成，共三块，每块长30厘米，宽3.3厘米，厚约0.5厘米，其中两块中嵌有小铜钱或金属片，故名"金

钱板"。表演时竹板互击，能发出金属声音，艺人们以它为道具进行表演，常能"走州吃州、走县吃县"。表演时一般都要先打一段"闹台"，用来吸引观众的注意力，"闹台"是一种将各种板式组合在一起的技巧性表演，板式变化多端，声音清脆明快，常用的打法是以"一字板""二流板"起头，由慢到快，逐渐过渡到"三三板"，由缓到急，再加入"滚、颤、摇、弹板"推向高潮，以"榨板"戛然而止，稍停，以简短、轻松、富有节奏的一字板引出唱腔。

金钱板由一人表演，唱词多为节字句或十字句，以方言土语演唱，唱词通俗易懂。其唱腔以部分川剧曲牌与四川民歌为基础形成，它可击出风、云、雷、雨等九种不同节奏、音响，其流派分"花派""杂派""清派"。"花派"板式打得花，打得热闹，且打且耍，眉眼身法灵活自如；"杂派"唱词长短运用自如，不受节奏拘束，唱一段说一段，说

中带唱；"清派"注重咬词吐字，字正腔圆，细腻准确，行腔中不能有"啦""哈""呀"等虚字尾音出现，表演动作弧度不大。在语言上要通俗易懂，形象生动，铿锵有力，通常用四川方言、歇后语、谚语和象声词来表达，但又要做到俗不伤雅。

金钱板艺术是巴蜀历史文化的传承载体。从现存的金钱板曲牌中，我们可以了解到巴蜀大地的风土民情、历史事件和风云人物。它的唱腔是在川剧高腔、巴山民歌小调一些曲牌的基础上加工、改革而成，在吸纳融合了其他艺术精华之后最终成为具有浓厚地方色彩的曲艺品种。

金钱板（巴中）列入巴中市第五批非物质文化遗产代表性项目名录。代表性传承人：成尧肇。

四川花鼓（巴中）

四川花鼓属于民间曲艺品种，以锣鼓伴奏演唱为主，一边演唱，一边敲锣鼓，通俗易懂，流行于四川东北部的汉族居住地区。

花鼓之名始于南宋。南宋南方民间舞队中之"村田乐"有"丑锣、俊鼓者，曰：'打花鼓'"。各地在民间民俗歌舞基础上形成了地方小戏，其胚胎期皆为"丑锣俊鼓"。由此各地花鼓衍生出不同曲种，而四川花鼓则是由秦巴山区的米仓古道文化发展起来的，具有浓郁地方特色的曲种，俗称"米仓花鼓"

或"秦巴花鼓"。新中国成立后，花鼓进入剧场，有所改革，增加了对唱、群唱、表演唱等形式，设计新唱腔，增加弦乐伴奏，创作了新曲目，如《白毛女》《灾后南江换新颜》《依法治国暖人心》《怒潮》《唱雷锋》《古人十二月》等。

四川花鼓以说唱为基本内容，锣鼓伴奏演唱形式，可单人表演，也可多人合唱表演，音乐为单曲体，每段四句唱腔，每句由七字咏构成，而一、二、四句为咏脚，第三句为奥咏，末句放腔，反复演唱，多段唱词。唱前先打（前奏）锣鼓两遍，后起腔边打锣鼓边唱花鼓词，每段唱完后，连敲锣鼓两遍结束。花鼓旋律流畅，节奏明快，易唱易学。表演形式结构简单，赋词顺当，字数灵活，基本唱腔吐字清晰，曲调常有川剧味道，字正腔圆，通俗易懂，深受观众喜爱。

花鼓戏吸收了当地各种民间艺术的精华，是地方传统戏的瑰宝。

四川花鼓（巴中）列入巴中市第五批非物质文化遗产代表性项目名录。代表性传承人：龙美江。

第5节

四川清音（巴中）

　　四川清音（巴中）是指流传于四川东北米仓山南麓巴中市辖巴州区内的一种集曲艺创作、演出为一体的曲艺表演形式。

　　四川清音属四川曲艺曲种，发源于明清，成型于民国，成熟于20世纪50年代，恢复于20世纪80年代，传承至今。清音早期称"唱小曲"或"唱小调"，因演唱时艺人自弹月琴或琵琶，又被称为"唱月琴"或"唱琵琶"，20世纪50年代以后才定名为"四川清音"。清音用四川方言演唱，流行于四川各地及长江沿岸的水陆码头，曲目丰

四川清音:《竹颂》

富，共有 100 多支，如《昭君出塞》《尼姑下山》《断桥》《黛玉焚稿》《放风筝》，现代曲目有《布谷鸟儿咕咕叫》《六月六》《秋江》《绣荷包》《黄继光》《赶花会》等。

四川清音在巴中历史悠久，据《巴中县志》记载，清朝中期四川清音表演经大行道（巴中辖区内米仓古道），由南来北往的行商带到巴中。四川清音在巴中繁荣于民国时期，斯时遍布巴中各地，由于战争影响，消亡于民国末年。新中国成立后，巴中县成立曲艺队，通过挖掘、整理、学习等方式恢复了四川清音这一优秀的民间曲艺项目。

传统的演唱方式为坐唱，即摆上一张或两张八仙桌，演唱者面对观众正面而坐，主唱者居中（多数为女艺人），琴师坐在主唱者的左右两边，月琴、琵琶或三弦在左面，碗琴、二胡或小胡琴在右面。20 世纪 60 年代，四川清音进入剧场，坐唱的形式逐渐被站唱所取代，表演时由女演员一人独唱，右手击竹鼓，左手击檀板，自击自唱，伴奏乐器为琵琶、二胡、竹鼓、檀板等。四川清音分为上河派、下河派。巴中清音艺人授业在成都，沿袭了成都的上河派，其唱腔轻盈，细腻圆润。

四川清音音乐唱腔结构分曲牌和板腔两类。板腔类又有"汉调"和"反西皮"两种。清音的音乐曲调，分大调、曲牌、小调三类。大调有八个，即〔勾调〕〔马头调〕〔寄生调〕〔荡调〕〔背工调〕〔月调〕〔反西皮调〕〔滩簧调〕。曲牌有〔半边月〕〔平板〕〔夺子〕〔叠断桥〕〔罗江怨〕等。小调有〔鲜花调〕〔玉娥郎〕〔四季调〕等。音乐结构有曲牌联套体、板式变化体和单曲体三种。流传至今有 8 个大调、100 余支小调，唱段 200 多支。大调以故事、传说为主，小调多采用四川流行的山歌、民歌等曲调演唱。清音艺人在润腔方面创造了多种多样的润腔手法，"哈哈腔"和"舌弹腔"是其突出的特点。

近年创作的四川清音《开学第一天》《中华医药》《秋娃娃》《竹颂》《审狐狸》《柳树湾的笑声甜》《种子》等作品，多次在国家、省级赛事及各类邀请活动中荣获大奖。

四川清音（巴中）列入四川省第六批非物质文化遗产代表性项目名录。代表性传承人：施敏、向胜、黄林。

诗和远方虽浪漫

第6节 四川扬琴（巴中）

四川扬琴又称"四川琴书"，属四川曲艺唱曲类曲种，传承久远，分为"南会""北会"两派。南派行腔华丽，细腻柔美，长于抒情和刻画人物内心活动；北派行腔淳朴，工稳豪放，长于叙事，多演唱大本曲目。随着历史的进程，又形成了省调（以成都市为中心的地区）、州调（成都以外的所有地区），由于地域不同，方言各异，其演唱风格又逐渐形成了地域流派。四川扬琴（巴中）属川北流派。

扬琴这种曲艺表演形式，在巴中一直被认为高尚清雅，但演出要求较高，多活跃于城市和乡镇的热闹街道，主要用于宴乐助兴、世俗应酬，均是自娱自乐，不卖艺营生。清末，巴中秀才邱本岑约城中老人在巴中县城黄家祠组建"击垠居"演奏扬琴（丝弦）为乐。民国中期，肖正明、龚祉安等青年人在巴中城北仁和茶馆成立南薰社。一段时间内，巴城南北，老少竞技，听者云集。由于条件所限，除县城外，仅双凤、梁永、清江、恩阳、渔溪有所分布。

四川扬琴（巴中）演出形式为数人坐唱，以唱为主，以说为辅。乐队伴奏以扬琴为主，有管弦乐器、打击乐器配合。弦乐器有扬琴（主）、弦子（胡琴、胖筒筒、二胡）、三弦、琵琶、越琴；管乐器有箫、笛、唢呐；打击乐器有檀板、小皮鼓、碰铃、引磬、木鱼、梆子等。演唱形式由五人自持乐器分角坐唱，称为"五方"，一段曲目称为一出戏，以叙事为主，讲究坐地传情。唱腔分省调、州调，大调、越调，一腔一调、一板一眼都具有一定的传统规范，曲调分为清板、男女一字、二流、三板、紧中慢、垛子、全大腔、简大腔等。根据生、旦、净、末、丑角色不同，其发声方法也完全不同，小生的念唱要飘逸潇洒，武生要带阳刚之气，须生、老旦要力求苍劲，大面（净）则讲究粗壮浑厚，总之要符合扮演的角色，做到声情并茂、字正腔圆。"哈哈腔"是四川扬琴的主要润腔手法，始于叶南章，完善于李德才，通过咽腔小舌头的部位发出来，以连续的顿音美化唱腔。

近年，巴中扬琴频繁活动于全国各地，经常参与国家、省、市各类文艺展演和大型节庆活动，在展演和比赛中同步提升了传

承价值。由四川扬琴代表性传承人演唱的《守望》《蜀道》《雪梅雪梅》《黄荆树》《幸福花开又一年》《勤耕苦读》《放河灯》等曲目，赴北京、上海、广东、天津、重庆等近 30 个城市交流演出，获得中国曲艺牡丹奖、中国文化艺术政府奖群星奖、四川群星

● 四川扬琴:《守望》

奖、巴蜀文艺奖等国家、省级大奖 30 余项。

四川扬琴（巴中）列入四川省第六批非物质文化遗产代表性

项目名录。代表性传承人：夏铭锺、杨娜、邓军、周鹏。

第 **7** 节

四川竹琴（巴中）

四川竹琴（巴中）是指流传于四川东北米仓山南麓的巴中市辖巴州区内的一种集曲艺创作、演出为一体的曲艺表演形式。

四川竹琴（巴中），原名"名琴"，是流传在四川的一种古老的汉族曲艺曲种。表演者手持渔鼓、简板说唱故事。因其伴奏的乐器是竹制的渔鼓筒，故又称"渔鼓道情""道筒"。竹琴长三尺，直径两寸，一端用鱼皮或猪小肠蒙上，演员斜抱竹琴，用指尖拍击竹筒下端，另一手持两块竹制的简板，简板上端系有小铜铃，简板相碰时铃响板响，音韵铿锵。唱腔分为中和调、扬琴调。

清初，四川一些城镇和水陆码头有道士流动于街头闾巷，持渔鼓、简板，演唱"二十四孝"之类的节目，唱的是"玄门调""南音调"。清光绪年间，始有非道教的艺人演唱，由街头进

入茶楼酒肆，名曰道情，所唱多是戏文故事。民国初年，四川凉山曾举办竹琴大会，借此扩大影响，之后进入成都、重庆的茶园演唱，有了固定书馆，竹琴开始繁荣兴盛。

竹琴流传到巴州后，在长期的演唱和创作中形成了自己的特色。在成都的坝调，达县、宣汉、南充等地的川北调，重庆、万县等地的川东调，自贡、宜宾的川南调的基础上，融入巴中地区的民歌风格，形成自身独具特色的演唱风格。主要曲目有《悬门腔》《喜相逢》《头马》《一字》《二流》《催三板》等。

四川竹琴（巴中）列入巴中市第五批非物质文化遗产代表性项目名录。代表性传承人：成尧肇。

四川连厢（巴中）

连厢是一种古老的民间艺术形式，民间称为"柳连柳"，又称"金钱棍"。

四川连厢，据说是在清康熙年间大移民（"湖广填四川"）时传入。后来通过民间艺人在语言、唱腔、表演上的加工，成为一种四川广为流传的文学、音乐、舞蹈相结合的民间演唱形式。每逢佳节，男女老少手执金钱棍载歌载舞，一唱众合，与龙灯、狮子、高台戏、高跷、彩船等民间娱乐形式一起活跃在场镇街道、广场之中，围观群众人山人海，喜笑颜开，给节日增添了光彩。

新中国成立后，随着曲艺艺人地

位的提高、各地专业曲艺团体的成立，连厢经曲艺专业人员加
工、整理、提炼后，被搬上了舞台。

连厢表演以一唱众合为主要特点，用金钱棍作为打击乐器和
舞具。演唱者将金钱棍上下左右舞动，敲击身体各部位或地面，
发出铜钱与竹竿相碰击的清脆的"哗哗哗"声，做出各种舞蹈动

作。连厢的唱腔由上下两个乐句组成，每一乐句分为领唱和帮唱两部分。帮腔中多以"柳呀嘛，柳呀柳呀"做衬词。

四川连厢（巴中）列入巴中市第七批非物质文化遗产代表性项目名录。代表性传承人：谭婷。

第9节

荷叶

荷叶是四川曲艺的一种，因表演者手中的小镲形似荷叶而得名。以单人站唱为主。表演者左手执一面小镲，镲面向外，镲背部置一檀板；右手执竹筷一根，敲打小镲。

在历史的变迁过程中，荷叶这门汉族民间表演艺术在川北已基本绝迹。但幸运的是，巴州区文化馆退休干部成尧肇在 20 世纪 70 年代初期参加国家、省举办的曲艺短训班，学习了这种表演形式后，在该区以演带培，深入学校、农村、工厂等地，举办曲艺专场，并将荷叶这一曲艺表演形式带给群众，让这一民间艺术更具风采。

荷叶的打法

荷叶在打法上，没有严格的曲牌，表演者一般都是根据需要自由敲打。表演前先打"闹台"来制造气氛，调动观众情绪。演唱的中途加入一些简短的打法，主要用在改变环境、变换人物、场面激烈之处。

闹台的基本打法

课课 厂课 厂 厂厂 厂厂 厂课 厂 课厂 课课 厂厂 厂厂
厂厂厂厂 厂厂厂厂 厂厂 课厂 厂 课 厂厂 课厂 课厂 课课
厂课："课"代表檀板发出的声音。"厂"表示竹筷敲打小镲

的声音。

荷叶的唱腔

荷叶的唱腔是介于金钱板旋律化、川剧高腔说唱化二者之间的一种说唱艺术。唱腔的旋律及风格，与川剧高腔中的一些曲牌大同小异。究竟谁受谁的影响，有待探讨。荷叶的唱腔不需帮腔及严格的锣鼓套打，演员自打自唱，自由发挥。荷叶与金钱板可共用一个段子演唱。在创作上，金钱板与荷叶常写在一起。

荷叶列入巴中市巴州区非物质文化遗产代表性项目名录。代表性传承人：成尧肇。

● 讲圣谕传承人向民众宣传孝道文化

第 **10** 节

讲圣谕

据史料记载，从汉代开始，朝廷就以乡约的形式约束百姓。明初开国皇帝朱元璋颁布了六条"圣谕"，将其作为明代教化百姓的标准，其内容为"孝敬父母，尊敬长上，和睦乡里，教训子弟，各安生理，无做非为"。清顺治九年（1652），颁布了《顺治六谕》，内容同明代。清康熙九年（1670），又修改充实，颁布了《圣谕十六条》，作为全国教民之标准。清雍正二年（1724），雍正又于每条下加以注释，用通俗语言解说，并附载简明律例，称《圣谕广训》，规定每月朔（初一）望（十五）日，各地官员召集官民定点宣讲，特别是雍正在《钦颁州县事宜》中要求州县官亲讲圣谕后，各地知县均需亲自宣讲。

旧时宣讲圣谕以讲所为单位，城里和乡里都有，方式和程序

● 讲圣谕

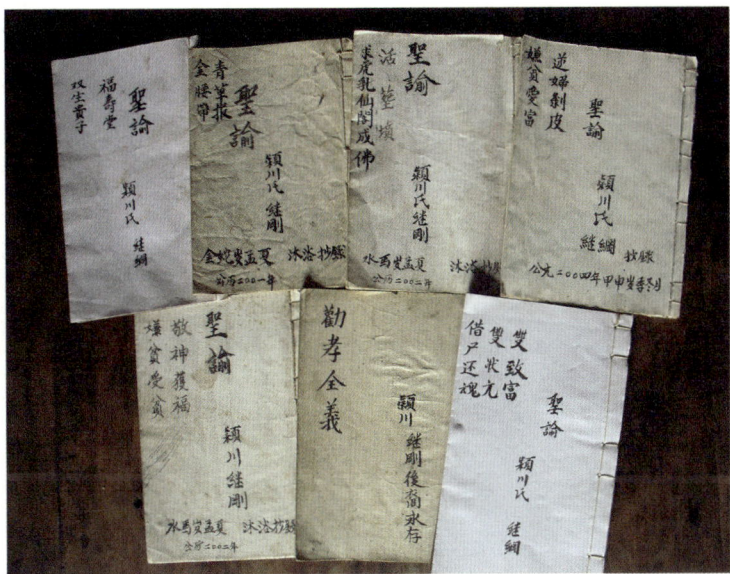

● 讲圣谕所用书籍

大同小异。据资料记载和老人们回忆，该活动内容为：每月的初一和十五的8—9点，众人将香案、圣谕牌、旗幡、钟鼓等安放妥当，知县同官员衙役等前往大门外宣化牌下，先拜圣谕，行三跪九叩大礼，而后听众按尊卑长幼次序排列，百姓环于周围。由知县宣讲圣谕，并由司讲生讲正、讲副二人协同解释，宣讲完毕，拜送圣谕，官员衙役回衙，绅士百姓等始散。

《圣谕十六条》的内容为："敦孝悌以重人伦，笃宗族以昭雍睦，和乡党以息争讼，重农桑以足衣食，尚节俭以惜财用，隆学校以端士习，黜异端以崇正学，讲法律以儆愚顽，明礼让以厚风俗，务本业以定民志，训子弟以禁非为，息诬告以全良善，诫匿逃以免株连，完钱粮以省催科，联保甲以弭盗贼，解仇愤以重身命。"

宣讲圣谕有一定仪礼规则：开始"鸣金击鼓"，讲者、听者要向"圣谕台"（上面供"皇帝万岁"和"圣谕"牌位）行三跪九叩礼。后由"引赞生""代读(谕)生"带领大家诵读"圣谕",并"宣讲坛规十条"。然后,司讲生登台讲说。这种"宣讲圣谕"的形式,一直延续到清朝灭亡。

清王朝灭亡后,该活动也被废止了,但仍在巴州民间流传至今。该活动体现了我国历代政权对百姓宣传教化工作的高度重视,维护了社会的稳定。

讲圣谕列入巴中市第二批非物质文化遗产代表性项目名录。代表性传承人:陈永刚。